LA RÉFORME SOCIALE PRATIQUE

LES

JARDINS OUVRIERS

En France et à l'Étranger

PAR

LOUIS RIVIÈRE

*Ouvrage publié sous les auspices des Unions
de la Paix Sociale.*

PARIS

Aⁿᵉ Mᵒⁿ GAUME ᴇᴛ Cⁱᵉ

X. RONDELET ᴇᴛ Cⁱᵉ, ÉDITEURS

3, *Rue de l'Abbaye,* 3

1899

LES

JARDINS OUVRIERS

En France et à l'Étranger

UNIONS DE LA PAIX SOCIALE

Fondées par F. LE PLAY, en 1872.

Les *Unions de la Paix sociale*, ébauchées dès juin 1871, furent le produit d'un élan spontané du patriotisme. Elles réunissent *sur le terrain de l'observation* les hommes pratiques et dévoués que préoccupe le mal social de notre époque. Elles comptent plus sur l'initiative des individus que sur l'influence des gouvernants. Elles ne s'occupent pas des affaires politiques et laissent à leurs membres la plus complète indépendance. Mais chacun comprendra qu'il est du devoir et de l'intérêt de tous de chercher, par l'observation des modèles, les éléments essentiels du bien dans la vie privée; ce sont là, en effet, les plus fermes et les plus solides garanties de la prospérité publique. Les *Unions* s'appliquent ainsi à substituer la description des faits à l'affirmation des idées préconçues, et à mettre en lumière les conditions indispensables à la stabilité des familles, à la paix des ateliers, à la prospérité morale et matérielle du pays.

Pour faire partie des *Unions de la Paix sociale*, il faut être présenté par un membre des Unions, ou s'adresser au secrétaire général.

Les membres des *Unions* reçoivent tous les quinze jours la revue : *La Réforme sociale*. Ils sont convoqués, chaque hiver, à des réunions locales d'études sociales, et, au mois de mai, à un Congrès général, à Paris.

La cotisation annuelle est de **15 francs**.

Secrétariat : rue de Seine, Paris.

LA RÉFORME SOCIALE PRATIQUE

LES
JARDINS OUVRIERS

En France et à l'Étranger

PAR

LOUIS RIVIÈRE

MEMBRE DE LA SOCIÉTÉ D'ÉCONOMIE SOCIALE

Ouvrage publié sous les auspices des Unions
de la Paix Sociale.

PARIS

Ame Mon GAUME et Cie

X. RONDELET et Cie, ÉDITEURS

3, Rue de l'Abbaye, 3

1899

AVANT-PROPOS

Le 10 Janvier 1898, une communication
relative aux Jardins ouvriers a été faite à la
Société d'économie sociale par un de ses
membres. Le public a bien voulu s'intéresser
à cette forme nouvelle d'assistance par le travail, et le tirage à part du compte rendu de
la séance, publié par la *Réforme Sociale*, a
été rapidement enlevé.

La Société et les Unions de la paix sociale
ont pensé qu'il serait bon de faire une nouvelle
publication de cet opuscule, en lui donnant
la forme d'une brochure destinée à la propagande. L'auteur a saisi cette occasion d'utiliser certains renseignements qui n'avaient
pu trouver place dans le cadre nécessaire-
ment restreint d'une conférence.

Il y a joint quelques renseignements pratiques et données numériques utiles aux hommes de bonne volonté qui cherchent à améliorer, par la création de Jardins ouvriers, la situation morale et matérielle des populations au milieu desquelles ils vivent.

Grâce au concours d'un éditeur éclairé, dont le dévouement au bien est connu de tous, nous espérons que ces indications parviendront sûrement à ceux-là qui peuvent le mieux les utiliser.

LES

JARDINS OUVRIERS

EN FRANCE ET A L'ÉTRANGER

CHAPITRE Ier

LES JARDINS OUVRIERS EN FRANCE

Les précédents de l'OEuvre sous l'ancien régime. — Les con-
férences rurales de la Société de Saint-Vincent-de-Paul. —
L'OEuvre de la Reconstitution de la famille à Sedan. — Les
Jardins ouvriers de Saint-Étienne. — L'abbé Lemire et les
Terrianistes du Nord. — Diffusion de l'OEuvre dans le Nord
et le Pas-de-Calais. — Les conseils municipaux de Beauvais
et Boulogne-sur-Mer. — Les bureaux de bienfaisance de
Besançon et Sedan. — La Société de secours mutuels de
Soissons. — Concessions de terres patronales. — Les con-
grès catholiques. — Le congrès de Nancy.

L'alliance du travail agricole avec le travail
industriel constitue une coutume générale en
Europe pendant tout le moyen âge. Patrons et
ouvriers y trouvaient également leur avantage ;
ces derniers arrivaient ainsi à conjurer les
effets du chômage accidentel, et ils pouvaient se
procurer en même temps un supplément de

1.

bien-être qui les rendait moins exigeants au point de vue du salaire professionnel (1).

En France, cette culture accessoire nous apparaît sous deux formes particulièrement intéressantes.

Dans les villages et bourgs, des chartes concèdent fréquemment des maisons aux ouvriers agricoles ou artisans qui vivent sur les grands domaines et travaillent. pour le seigneur ou l'abbaye voisine. Presque toujours, cette maison a pour complément une petite tenure de quelques ares, destinée à servir de jardin ou de dépendance. Les cartulaires et polyptyques sont pleins de ces concessions faites à titre d'*hostise*, de *censive* ou même de *locatairie perpétuelle* dans le Midi (2). Les limites de ce travail ne comportent pas de longues analyses de documents ; mais nous pouvons affirmer que la tendance générale au moyen âge est d'attacher à chaque foyer un coin de terre, une aisance, une dépendance (3).

---

(1) Le Play a admirablement montré l'importance de cette alliance des travaux de l'atelier et des industries domestiques (*Organisation du travail*, 6ᵉ édition, p. 152-158). On trouvera de nombreuses monographies de familles ouvrières alliant le travail de la terre au travail industriel, dans les *Ouvriers européens*, 2ᵉ édition, t. II, ch. II à v ; t. III, ch. I et II ; t. IV, ch. VII.

(2) M. l'abbé Foutan a relevé deux cas de locatairie perpétuelle dans l'ancien comté de Bigorre ; voir son récent et intéressant travail sur les *Jardins ouvriers* (Tarbes, solitude Saint-Antoine, brochure gr. in-8, 1898).

(3) Bien entendu, nous ne parlons pas ici des concessions

D'un autre côté les bourgs et villages possédaient fréquemment de vastes biens communaux. Le plus souvent, on les convertissait
en pâturages, et la jouissance appartenait indi-
visément à tous les habitants, à la condition de
se conformer à certaines règles. D'autres fois
aussi, on en distrayait des parcelles assez importantes, attribuées à de jeunes ménages, lors de
leur établissement (1).

Sur certains points de la France, ces propriétés

assez considérables pour faire vivre une famille et qui ont
surtout attiré l'attention des historiens; d'où les nombreuses
études sur les *hôtes*, sur les *censives*, etc.

(1) L'exemple le plus typique est celui du Fort-Mardyck,
près Dunkerque, commune de 129 hectares, dont le territoire
est la propriété indivise des habitants, en vertu d'une concession faite par Louis XIV, en 1670. Chaque *nouveau ménage*,
remplissant les conditions requises, reçoit un terrain d'environ 22 ares; les parcelles ne peuvent être divisées ni vendues
et ne peuvent être transmises qu'aux héritiers naturels. (Voir
Dr Lancry, *la Commune du Fort-Mardyck*, 1890. — Voir aussi
un article de M. Albert Maron, *Réforme sociale*, 1896, t. I,
p. 413.)

M. Gabriel Ardant constate la persistance de cet usage
à Saint-Maurice, dans le Valais (Suisse). (*Lettres valaisanes*,
Paris, maison de la Bonne Presse, s. d. — 19e lettre, p. 49.)

Un de nos amis, M. le professeur Mensch, nous signale des
coutumes analogues dans la haute Alsace. A Rüllisheim, près
Mulhouse, chaque nouveau ménage reçoit ± à 10 ares de terres, dont la jouissance appartient à l'époux survivant, mais ne
passe pas aux enfants. A Regisheim, près Ensisheim, ces lots
atteignent 150 ares. L'origine de l'importance de ces communaux mérite d'être connue. En 1304, la peste noire détruisit la
population du village voisin de Sermersheim, à l'exception de
deux vieillards. Repoussés de partout, ils finirent par trouver
un asile à Regisheim. Quelques années plus tard, ils léguaient
en mourant à cette paroisse hospitalière les biens communaux
dont ils étaient restés les seuls possesseurs.

communales survécurent aux modifications profondes qui furent la conséquence générale de la Révolution française.

A Beaumont en Argonne, notamment, on concédait encore, au milieu du siècle, environ 50 verges (1) de terres aux familles nécessiteuses, sous le nom d'*aisances communales* (2). Mais il arrivait souvent que ces terrains restaient en friche, parce que les indigents ne possédaient ni les instruments, ni les bestiaux, ni le fumier, ni les semences nécessaires pour procéder aux labours et aux semailles.

Une conférence de Saint-Vincent-de-Paul ayant été établie à Beaumont, ses membres, presque tous propriétaires ou fermiers, s'entendirent pour faire ce qu'ils appelaient « de l'aumône personnelle ». Ils se partagèrent les terrains ainsi négligés, les défrichèrent, les ensemencèrent et remirent aux tenanciers un champ en rapport, avec une récolte plus belle que ceux-ci n'eussent pu l'obtenir par eux-mêmes, faute d'avoir à leur disposition les moyens perfection-

---

(1) La verge, dont il sera souvent question plus loin, vaut 43 mètres carrés.

(2) En Belgique, on retrouve des coutumes analogues dans une vingtaine de communes des Ardennes, à Alloy notamment. Rappelons aussi la curieuse institution des Masuirs, à Châtelineau, sur la Sambre, entre Namur et Charleroi. (Voir P. Errera, avocat à Bruxelles, *les Masuirs, recherches historiques et juridiques sur quelques vestiges des formes anciennes de la propriété en Belgique*, 2e éd., in-8, Bruxelles, 1891.)

nés qu'on trouve dans une grande exploitation
rurale (1).

A peu près au même moment, la conférence
de Laerne, en Belgique (2), avait eu la pensée
d'assurer aux pauvres qu'elle secourait les terres
que la commune ne leur attribuait pas. « A la
campagne, lisons-nous dans un rapport de 1853,
25 ou 30 verges de terre suffisent à une famille
pour vivre ; le difficile pour les pauvres, c'est
d'obtenir ce peu d'espace. Les propriétaires ne
veulent rien leur louer, parce qu'ils craignent,
non sans fondement, de n'être pas payés. La
conférence a donc loué, à ses risques et périls,
une vaste pièce de terre ; celle-ci a été divisée
en parcelles pour être cultivée par les pauvres,
sous la surveillance de la conférence. Un prix
annuel de 5 francs est décerné à celui qui aura
les plus beaux produits. Les pauvres paient
à la conférence ; celle-ci paie le propriétaire (3). »

A Saint-Pierre-d'Alost, 300 verges de terre
première qualité sont louées par le président
de la conférence et réparties ensuite par lots de
25 verges entre douze familles (4).

A Bouxières-aux-Dames, dans le département
de Meurthe-et-Moselle, la conférence fait faire

---

(1) *Bulletin de la Société de Saint-Vincent-de-Paul*, t. VII,
1855, p. 44.
(2) Au diocèse de Gand.
(3) *Bulletin de la Société de Saint-Vincent-de-Paul*, t. VI,
1854, p. 313.
(4) *Ibid.*, t. VII, 1855, p. 841.

pour 60 francs d'outils, bêches, pics, pioches, qu'elle met à la disposition des familles assistées. « Et cela nous a peu coûté, ajoute le rapport, parce que chaque famille priait son patron d'économiser les bons qu'on lui donnait et d'en conserver le prix pour couvrir les achats (1). »

Ailleurs, les conférences créent l'*OEuvre des semences*. Les confrères vont quêter à domicile, chez les fermiers et propriétaires, pour recueillir des semences destinées à être distribuées aux pauvres, en vue de l'ensemencement de leurs champs (2).

Un peu plus tard, en 1862, les confrères de Valognes entreprennent de pousser les familles secourues à convertir en jardins potagers les terrains de médiocre étendue attenant à leur habitation. Ils distribuent des semences, des plantes, des instruments aratoires, aux proprié-taires des jardins ; des primes de culture sont allouées aux terrains les mieux soignés, en tenant compte des conditions spéciales de temps, de lieu, d'âge et de sexe. Une vingtaine de jar-dins sont créés dans ces conditions et fournis-sent un supplément précieux pour l'alimentation de la famille (3).

Concession de terres à des indigents, don de

---

(1) *Bulletin de la Société de Saint-Vincent-de-Paul*, t. VII, 1855, p. 74.

(2) *Ibid.*, t. VII, 1855, p. 339.

(3) Rapports de la conférence de Valognes, 1863 à 1873.

semences, prêt d'outils, allocation de primes :
nous trouvons bien dans ces premiers essais
tout ce qui constitue actuellement l'Œuvre des
jardins ouvriers. Toutefois, ces efforts locaux,
émanant de modestes cultivateurs, demeuraient
isolés et inconnus. Il fallut qu'une expérience
analogue fût tentée dans une ville industrielle,
pour qu'elle attirât l'attention de la presse et,
par elle, celle du grand public.

Aujourd'hui, tout le monde connaît l'Œuvre
de Sedan et Mme Félicie Hervieu, sa fondatrice. Avant de raconter ce qu'elle a fait, de-
mandons au plus actif propagateur des Jardins
ouvriers de nous la présenter (1).

« Mme Hervieu est la mère vénérée de six
enfants adultes, vigoureux, bien élevés. Elle est
fabricante de draps et occupe un appartement
au troisième étage d'une maison moderne du
nouveau Sedan. Sa caractéristique est une
extrême douceur alliée à une indomptable énergie, et aussi une foi inébranlable et tranquille
dans le succès de son œuvre.

« Elle a été guidée dans la conception et la
fondation de celle-ci par deux idées maîtresses,
qu'elle considère comme de véritables axiomes :

(1) Ce portrait est tiré du charmant récit intitulé : *Une visite
aux Jardins ouvriers de Sedan*, par M. le Dr Lancry (*la Démocratie chrétienne*, octobre 1897). — Outre cet article, les comptes
rendus annuels de l'Œuvre de la *Reconstitution de la famille*,
publiés à Sedan, imprimerie Jules Laroche, et les lettres de
Mme Hervieu, nous ont fourni les éléments de notre travail.

« 1° L'homme n'est pas fait pour mendier, il est fait pour travailler.

« 2° L'homme a le droit de vivre de son travail et par son travail. La charité ne doit pas consister à lui donner le « pain de l'aumône », mais le « pain du travail. »

On le voit, l'idée de Mme Hervieu était celle dont s'inspirent les œuvres d'assistance par le travail : pas d'aumône, du travail. Elle nous a du reste raconté elle-même, dans un de ses rapports, comment elle a été amenée à pratiquer l'assistance par le travail de la terre, et, en second lieu, à donner à cette assistance la forme mutualiste, qui est la caractéristique de l'Œuvre de Sedan.

Elle secourait, depuis longues années, une famille composée de dix personnes, et, en dépit des dons nombreux qu'elle recevait, cette famille était toujours aussi misérable. Un jour, Mme Hervieu dit au père : « Il faut vous sortir de cette impasse. Faites un effort, moi, j'en ferai un pour vous aider. Au lieu de vous donner des secours aussitôt consommés, je m'engage à verser en votre nom, chaque mois 6 francs, à la caisse d'épargne, si, de votre côté, vous réussissez à m'apporter 3 francs. » Le concours fut difficile à obtenir ; mais, comme la donatrice tint bon et ne versait sa part qu'après la remise des 3 francs, le livret arriva bien à la fin de l'année au total prévu de 108 francs.

Alors la bienfaitrice dit à son protégé : « Il faut maintenant faire fructifier cette somme : vous allez louer un jardin, et, à vos moments libres, avec vos grands enfants, vous cultiverez des légumes qui vous aideront à vous nourrir tous. »

Ce projet ne souriait guère à des gens habitués à tout recevoir gratuitement. Mais Mme 'Tervieu est tenace ; elle trouva elle-même le jardin qu'on ne pouvait arriver à découvrir, elle menaça de cesser ses secours si on ne travaillait bien. Bref, on se mit à l'ouvrage sans entrain, on y prit goût peu à peu, et, au bout de quelques mois, non seulement la famille se nourrissait en grande partie, mais elle vendait des légumes pour une somme fort appréciable et qui la tirait de la misère (1).

Ce succès donna l'idée d'étendre ce genre de secours à d'autres familles, de manière à diminuer la mendicité professionnelle, fort active à Sedan. Un certain nombre d'amies de Mme Hervieu acceptèrent avec enthousiasme l'idée de remplacer l'aumône banale qu'elles faisaient dans la rue par un versement annuel de 60 francs, permettant d'accueillir un certain nombre de familles ouvrières, qui feraient des versements mensuels, et jouiraient d'une parcelle de terre.

(1) La location de cette première pièce de terre, située à Fleing, près Sedan, est du mois de décembre 1889. C'est la date de la fondation de l'Œuvre des jardins ouvriers de Sedan.

Des statuts furent élaborés et approuvés par
M. le préfet des Ardennes, le 27 février 1891 (1);
deux pièces de terre furent louées aux environs
de la ville, d'une contenance totale de 1 400 mètres. La répartition en fut faite entre vingt et
un ménages, proportionnellement au nombre de
têtes composant chaque famille, chaque enfant
de plus donnant droit à un supplément de terrain d'environ 2 verges (2).

Outre la terre, on fournit aux preneurs les
graines, outils et engrais nécessaires pour commencer à la cultiver.

Le travail de défrichement fut pénible, car il
y avait beaucoup de chiendent dans ces terres
livrées jusque-là à la grande culture. En outre,
un été extraordinairement sec compromit un
instant la récolte. Malgré tout, l'ardeur au
travail déployée par les assistés triompha des
obstacles et le procès-verbal de la visite effectuée
par la commission d'examen constate le bon état

(1) Le premier comité de dames, constitué en décembre 1892,
était composé de : Mmes Rousin, Lefort, Gaston de Guer,
Carrez ; Mlles Pauline Jean, Louise Loisy. M. Léon Lefort, industriel et conseiller municipal à Sedan, a beaucoup encou-
ragé Mme Hervieu, à ses débuts. M. Philippoteaux, député, a
été le premier bienfaiteur de l'œuvre.

(2) Voici exactement les bases adoptées par le Comité, au
printemps 1893 :

Ménage de 1 à 2 personnes.........	8	verges.
— 3 personnes.........	10	—
— 4 à 6 personnes.........	12	—
— au-dessus de 6 personnes.	16 à 20	—

On se rappelle que la verge vaut près de 13 mètres carrés.

des récoltes. Les résultats de la première année
se résumaient ainsi : avec une dépense de
531 fr. 75 on a assuré à 145 personnes un secours
effectif et une portion notable de leur nourriture. Cela fait, pour l'année, 3 fr. 67 par personne ou 30 centimes par mois. Qu'eût produit
un secours aussi minime donné en argent ou en
bons? Il se fût évaporé, pour ainsi dire, en se
fondant, sans résultat, dans le chiffre des
dépenses journalières. Et, en outre, les assistés
ont repris l'habitude du travail, ont employé uti-
lement un temps qui eût été perdu au cabaret, au
double détriment de leur santé et de leur bourse.
Les enfants ont été dressés à travailler près de
leurs parents, et ceux-ci à vivre avec leurs enfants.
Ne trouvons-nous pas là une ample justification
de ce nom de *Reconstitution de la famille* donné
à son œuvre par la fondatrice (1)?

Les résultats ainsi constatés ont amené le
développement progressif de l'œuvre. En 1897,
elle a assisté 90 familles et les jardins couvrent
plus de 6 hectares. Les dépenses de cette

---

(1) Mme Hervieu a toujours donné ce nom à son œuvre,
dans ses publications. Le nom de *Jardins ouvriers* a été mis
en circulation par M. le docteur Lancry, qui l'employa, pour la
première fois, vers 1892. Il est juste de lui en reconnaître la
paternité.

Le 22 janvier 1899, Mme Hervieu a inauguré la *Mutuelle*
enfantine, destinée à initier les futurs jardiniers au travail de
la terre, dès leur jeune âge. Les premiers adhérents sont au
nombre de dix, âgés de onze à treize ans (Voir *Annexe I*,
art. 2, 2°).

année atteignent 1730 fr. 35, soit pour 405 membres des diverses familles, 4 fr. 37 par personne.

En outre, depuis 1895, on a organisé entre quinze jeunes gens de quinze à dix-sept ans une exploitation collective fondée sur le même principe de la mutualité. Chacun d'eux verse 1 franc par mois ; l'œuvre leur donne, par contre, la jouissance du terrain, les semences et les engrais. Le produit net atteint, en moyenne, 50 francs par adhérent. Il est placé à la caisse d'épargne, au nom de chacun, grossi, bien entendu, par des primes d'encouragement. Ces jeunes gens occupent ainsi leurs moments de liberté, au lieu de prendre des habitudes de café, et ils se préparent une petite dot pour le moment de leur établissement. Déjà un mariage a été célébré entre un des mutualistes et une jeune fille appartenant à une des premières familles assistées (1).

Plusieurs jeunes gens de la mutuelle ont déjà été réclamés par le service militaire ; la Société les dispense alors du versement de leur cotisation. Les parents cultivent le terrain et réalisent le produit des légumes, versé au livret de leurs enfants, de manière à continuer l'épargne au profit de ceux-ci.

Au moment où Mme Hervieu publia son pre-

_____

(1) Ce mariage a été béni le 9 octobre 1896 par l'abbé Gruel, le fondateur des *Jardins ouvriers de Bruxelles*, dont nous parlerons plus loin.

mier rapport, le journal *le Temps* (1) en donna une substantielle analyse qui tomba sous les yeux du R. P. Voipette, de la Compagnie de Jésus, chargé de diriger la petite conférence des élèves du collège Saint-Michel, à Saint-Étienne. A ce moment, un chômage prolongé frappait à la fois les ouvriers mineurs et les passementiers Les demandes de secours affluaient à la conférence et le Père ne savait comment y suffire. Il eut immédiatement la pensée de créer à Saint-Étienne une œuvre analogue à celle de Sedan. Après quelques jours de recherches, il avait trouvé, près de la ville, deux champs assez maigres, d'une contenance totale de 2 hectares 40 ares. Une personne charitable mit gratuitement à sa disposition une troisième parcelle, contenant 150 ares. Ces 4 hectares furent divisés entre 97 familles qui reçurent, outre la jouissance gratuite, les semences et les engrais de la première année. Malgré l'été sec, qui sévit à Saint-Étienne comme l'année précédente à Sedan, les résultats furent si satisfaisants que le Père trouva de nouveaux concours et put élargir son œuvre en ajoutant trois nouveaux champs d'une contenance moindre, mais de qualité meilleure. En même temps, il octroyait à ses protégés une véritable charte constitutionnelle. Le règlement que doit accepter tout adhérent est

(1) Numéro du 4 janvier 1895. Le *Petit Journal* et la *Paix* parlèrent également de l'œuvre nouvelle.

fort simple, il ne comprend que quatre articles :

1° Chaque famille cultivera son lot avec soin.

2° On ne travaillera pas les jours de dimanche et de fête.

3° On ne sous-louera aucune parcelle sans en obtenir la permission expresse.

4° On se gardera de tout ce qui peut porter atteinte au bon renom des travailleurs.

Chaque pièce de terre forme une unité qui s'administre elle-même par son conseil particulier. Ce conseil comprend autant de membres élus pour trois ans qu'il y a de fois cinq familles participantes. En outre, le fondateur nomme pour le représenter un conseiller pris parmi les adhérents, mais lui-même n'a pas voix délibérative. Ces conseillers prennent toutes décisions relatives aux intérêts communs du champ (clôtures, adduction d'eau, nivellement, voies d'accès, etc.). En second lieu, ils veillent à l'exécution du règlement, prononcent les avertissements en cas d'infraction, et même les exclusions en cas de manquements réitérés. Les exclusions sont susceptibles d'appel devant le conseil général, formé par la réunion des conseils particuliers pour veiller aux intérêts communs à l'œuvre entière. Hâtons-nous de dire que, dans l'espace de deux ans, deux expulsions seulement ont été prononcées pour un même fait, qui avait causé un scandale grave (1).

(1) On pourra consulter, sur l'Œuvre de Saint-Étienne :
1° Un article du R. P. Roure, S. J., *les Jardins ouvriers de*

Le développement de l'Œuvre de Saint-Étienne fut plus rapide encore qu'à Sedan. Dès 1897, les surfaces en culture atteignaient au total 9 hectares et demi, et 220 familles participaient au bénéfice des jardins. Les dépenses s'élevaient à 3718 fr. 70, ce qui représente seulement 16 fr. 80 par famille et 2 fr. 82 par tête d'assisté. En 1898, une ferme de 5 hectares 50 ares est louée par le R. P. Volpette, qui va pouvoir ainsi étendre son assistance à plus de 400 familles, comprenant 2500 personnes. Et encore n'est-ce pas suffisant, au gré du fondateur; il veut arriver à enserrer toute la « ville noire » dans une riante ceinture de jardins.

En même temps qu'il étendait ainsi sa création, le R. P. Volpette y ajoutait une seconde œuvre accessoire, non moins intéressante.

Au moment où il réfléchissait aux moyens de constituer ses jardins, le Père avait parlé de cette idée à quelques vieux ouvriers avec lesquels il

Saint-Étienne, paru dans les *Études religieuses, philosophiques et littéraires*, du 15 octobre 1896.

2° Deux articles du R. P. Piolet, S. J., *Une Nouvelle Œuvre sociale, les Jardins ouvriers*, dans le *Correspondant* des 10 et 25 juillet 1898. Ces articles ont été postérieurement réunis et complétés par une introduction, en un vol. in-18 de 150 pages, publié chez Victor Retaux, à Paris, et J. Le Hénaff, à Saint-Étienne, 1897. — Les pages indiquées dans nos citations renvoient à la brochure, plus facile à se procurer.

3° *L'Œuvre des jardins ouvriers à Saint-Étienne*, par l'abbé Süss.

4° La conférence faite à la *Société des études économiques de Saint-Étienne*, le 5 novembre 1896, par M. Jean Mazodier, avocat, publiée chez M. J. Le Hénaff, à Saint-Étienne.

était en relations de longue date. « Ah! oui, avait
dit l'un d'eux, ça rappellerait l'ancien temps. On
aurait des légumes, on ferait une tonnelle. Nous
irions tous, le dimanche... »

La tonnelle, c'est en effet une partie essentielle du jardin ouvrier. C'est là où on se met à
l'ombre pendant les après-midi d'été ; on y reçoit
ses amis ; on y dresse le couvert, quand vient
l'heure de savourer ces choux, ces salades, ces
radis qu'on a vus pousser.

Mais bientôt aux tonnelles s'ajoutèrent des
maisons. Voici comment le plus récent historien
de l'Œuvre de Saint-Étienne (1) nous raconte la
création de la première :

« Fraissenon, dit *Coucou*, avait dix-sept sous
de retraite comme mineur, un petit secours
comme soldat, 200 mètres carrés de jardin,
plus une chèvre, un chien, un chat, avec lesquels
il faisait très bon ménage, à l'encontre de ce qui
se passait entre lui et sa femme. On le vit, un
jour, arborer son pantalon rouge et se faire ma-
çon. « C'est l'armée française qui bâtit, » dirent
les enfants du collège. Son hôtel n'était pas
luxueux : 4 mètres de long sur 3 mètres de
large et 2 mètres de haut, avec des murs ne
ressemblant en rien à des lignes droites, avec
un toit proprement qualifié de l'ordre compo-
site, car il était fait de bois, de tuiles, de pierres

---

(1) R. P. Piolet, *op. cit.*, p. 85.

et de treillis de fer. Il y vivait néanmoins heureux, avec un lit et une chaise, avec sa chèvre,
son chien et son chat. Et, chaque matin, sa
femme, réconciliée avec lui depuis qu'ils ne
vivaient plus ensemble, lui portait la soupe et
venait traire la chèvre, afin d'en avoir le lait.
Lui-même était son propre cuisinier pour le
dîner. »

Coucou le philosophe a fait école. Six maisons
ont été édifiées dans le voisinage de la sienne,
au champ Sainte-Marie, dont l'une possède une
façade en pierres de taille. Quelques autres se
sont également édifiées ailleurs; et voilà une
dizaine de familles qui, grâce à leur industrie,
se sont constitué leur *home*, et ne connaîtront
plus désormais les angoisses de l'approche du
terme, ce cauchemar des familles nécessiteuses (1).

Le dévoué créateur des jardins fut frappé des
résultats ainsi obtenus et résolut de faciliter à
d'autres familles la constitution d'un foyer. Il
eut recours pour cela à l'institution d'une caisse
rurale du système Raiffeisen, dont M. Louis Du-
rand s'est fait l'infatigable propagateur en France.
Le congrès tenu à Tarbes du 24 au 27 août 1897
venait justement de populariser le mécanisme

(1) « On ne fera jamais le compte des haines que le terme
a amassées au cœur des ouvriers contre le propriétaire et
contre la société, » disait l'auteur du beau travail sur *les Ouvriers et les réformes nécessaires* (séance de la Société des
études pratiques d'économie sociale du 25 mars 1877).

de cette utile institution en montrant comment une sage administration rendait illusoire la responsabilité collective qui est la grosse objection des personnes auxquelles on fait appel (1).

Avec sa douceur persuasive, le P. Volpette réussit à déterminer une vingtaine de personnes riches et charitables à se faire les associés solidaires de ces ouvriers sans autre capital que leurs bras et leur bonne volonté. Le règlement de la caisse, comme celui des jardins, est d'une extrême simplicité. On n'exige de tout adhérent que trois conditions :

1° Avoir une réputation d'honnêteté notoire ;

2° Ne pas fréquenter les cabarets ;

3° Avoir un travail régulier assuré, et non occasionnel.

Le président élu est un ouvrier nommé Teyssier, un des premiers constructeurs. Pour commencer, la caisse n'a prêté que 200 francs, au plus, à chaque adhérent, mais on espère pouvoir

---

(1) On sait que les caisses Raiffeisen sont des sociétés commerciales à capital variable, dont tous les membres sont tenus sur tous leurs biens de la totalité des dettes contractées par la Société. Cette responsabilité donne à ces caisses un crédit de premier ordre et leur permet de fonctionner avec un capital insignifiant, en leur assurant la négociation de leur papier à 2 1/2 ou 3 p. 100. En fait, la responsabilité ne s'applique jamais, par suite du soin apporté au choix des adhérents, de la limitation du capital prêté à un maximum restreint (variant généralement de 200 à 500 francs), enfin du délai assez court pour lequel ces prêts sont faits. Créées sur les bords du Rhin par M. Raiffeisen vers 1849, ces caisses se sont propagées dans toute l'Allemagne, l'Italie du Nord et la France.

porter bientôt ce maximum à 500 francs. Comme,
d'autre part, le P. Volpette a établi un devis de
maison qui revient à 1250 francs, on voit qu'il
suffira d'avoir économisé un bien petit capital
pour pouvoir bientôt devenir propriétaire dans
la banlieue d'une ville de 135 000 âmes.

On remarquera que pour profiter de ces avantages, il n'est point besoin de faire profession
de sentiments religieux. Le règlement n'exige
qu'une chose sous ce rapport, le repos du dimanche. A la condition de l'observer, des pro-
testants, des libres-penseurs, des socialistes no-
toires ont reçu des jardins. Le grand motif de
préférence, c'est le nombre des enfants. Comme
à Sedan, on s'attache à favoriser les familles
nombreuses. Un socialiste, quelque peu soup-
çonné d'anarchisme, est devenu le factotum du
P. Volpette, uniquement parce qu'il a six enfants et est infirme, ce qui le mettait dans la
quasi-impossibilité de gagner sa vie (1).

Nous tenons à insister sur ce point, qui pourra
surprendre certaines personnes, habituées à entendre parler de la Compagnie de Jésus par des
adversaires généralement mal renseignés.

En même temps qu'elle se développait d'une
façon si heureuse dans le bassin minier de la
Loire, l'Œuvre de Sedan poussait un second ra-

_____

(1) R. P. Piolet, *op. cit.*, p. 71.

meau dans celui du Nord. Il est remarquable
que les deux points sur lesquels les Jardins ouvriers se sont propagés tout d'abord sont précisément ceux où on retrouve encore aujourd'hui
la trace de leur fondation dans le passé. Il y a
six siècles que cette forme d'assistance est pra-
tiquée à Saint-Julien-en-Jarret, près Saint-Cha-
mond (1), et, depuis deux cents ans, la fabrique
de Gravelines répartit une partie de ses biens,
par portions de 5 à 6 ares, entre des preneurs
auxquels elle accorde permission de construire.

En 1893, Mme Hervieu était entrée en relations
avec M. l'abbé Lemire, nouvellement élu député
du Nord, qui s'annonçait comme le promoteur
zélé des droits de la petite propriété (2). Dans
une brillante conférence faite au Cercle catholique du Luxembourg, en février 1894, le nouveau député fit connaître cette création à Paris
et lui attira immédiatement des sympathies dans
la presse catholique. En même temps l'Œuvre
des jardins était propagée par les *Terrianistes*
du Nord, groupe qui poursuit la diffusion de la
petite propriété assurée à tous, incessible et

---

(1) Au XVᵉ siècle, Anne de Beaujeu a mis à la disposition de
la fabrique de Saint-Julien une certaine quantité de terrains
cultivables pour être distribués entre les pauvres. Tant que
la famille est pauvre, elle jouit du bien remis. — (Communication de M. de Villechaise au congrès du Puy, mai 1897.)
(2) « Ce que je veux, c'est, pour tout ouvrier, que la maison
de famille et les jardins qu'il a acquis par son travail soient
insaisissables, exempts d'impôts et de droits de succession. »
Profession de foi électorale en date du 10 juin 1893.

insaisissable, dont ils voient le prototype dans
la communauté si remarquable de Fort-Mardyck. Grâce à l'active propagande poursuivie
par M. le Dʳ Lancry, de Dunkerque (1), des
œuvres de jardins se sont créées à Rosendaël,
Arras, Hazebrouck, Gravelines, Valenciennes, etc.
Dans cette dernière ville l'initiative a été prise
par un jeune élève du grand séminaire qui porte
un nom justement vénéré des catholiques du
Nord, et qui a excellemment défini le but à
atteindre : « J'ai pensé, lisons-nous dans sa lettre-
programme, que l'important n'était pas de provoquer un nouvel élan de générosité, mais de
donner une direction meilleure à nos aumônes
et d'orienter nos œuvres charitables vers cette
assistance de la terre qui fait du mendiant un
travailleur et du vagabond un propriétaire. »

A Montreuil-sur-Mer, l'œuvre avait été établie,
dès 1894, par M. l'abbé Fourcy, curé de la
Basse-Ville. C'est donc la seconde en date des
fondations de jardins, elle prend rang immédiatement après celle de Sedan. M. l'abbé Fourcy
se séparait de Mme Hervieu en établissant le
principe de l'assistance confessionnelle. Tous les
bienfaiteurs et assistés ont été groupés par lui
en une petite confrérie religieuse, ce qui exclut

(1) M. le Dʳ Lancry a publié de nombreuses brochures sur
la question. Citons notamment : *les Jardins ouvriers*, Paris,
1897, le rapport lu au Congrès de la Démocratie chrétienne
tenu à Lille le 19 novembre 1897, et le discours prononcé au
récent *Congrès des jardins ouvriers* de Nancy.

de l'œuvre tous les non-catholiques. C'est là une conception nouvelle, présentant d'incontestables avantages au point de vue religieux, tout en rétrécissant un peu le cercle d'action. Elle montra, dès le début, combien le principe de l'assistance par le travail de la terre est susceptible de se plier aux convenances de chacun et de recevoir l'empreinte des idées diverses qui inspirent les fondateurs de groupes.

En effet, la bienfaisance officielle elle-même s'est engagée dans la voie tracée par la charité privée. Elle l'avait même devancée à Beauvais, où nous rencontrons un précédent qui remonte à 1872. Le conseil municipal décida, par une délibération en date du 1ᵉʳ mars de cette année, de mettre en location, au prix de 2 francs l'are, 86 ares de terrain appartenant à la ville. Vingt-sept preneurs se sont partagé le terrain, et, chaque fois qu'une parcelle devient vacante, il se présente plusieurs candidats pour la réclamer. A la séance du 11 février 1898, M. Leborgne a demandé au conseil municipal de Beauvais de mettre d'autres terrains en location aux mêmes conditions; la question a été renvoyée à une commission spéciale.

Le conseil municipal de Boulogne-sur-Mer vient de décider tout récemment une création analogue. Par une délibération en date du 19 octobre 1898, le conseil a autorisé le maire à passer un bail pour trois, six, neuf ou douze ans pour

deux pièces de terre, situées dans des faubourgs
populeux, contenant ensemble 7000 mètres
carrés (1). Ces terrains seront divisés en jardins
de 100 à 200 mètres carrés, suivant le nombre
de personnes composant chaque famille, et attribués gratuitement aux bénéficiaires que dési-
gnera le bureau de bienfaisance. La ville trans-
portera, de plus, sur le terrain un tas de boues
et immondices destiné à fournir l'engrais de la
première année.

Sur l'initiative de M. Charles Savoye, le bureau
de bienfaisance de Besançon a partagé, en 1898,
entre 126 preneurs, deux pièces de terre mises
à sa disposition par la ville de Besançon et par
M. Savoye lui-même. La plus grande partie des
lots a été attribuée aux indigents secourus par le
bureau ; quelques-uns ont été cependant donnés à
des pères de familles nombreuses ne recevant pas
de secours, mais dont l'enquête avait révélé la
situation précaire. Les familles comptant cinq
enfants et plus ont reçu double part. Les preneurs ont sollicité le renouvellement de la concession qui n'avait été faite que pour un an, et
le rapport que nous avons sous les yeux constate
l'excellence de l'effet moral obtenu (2).

---

(1) 3006 mètres carrés à Bréquerecque et 4291 mètres carrés
à Saint-Pierre. On cherche un troisième terrain à louer pour
Capécure.

Nous devons ces renseignements à l'obligeance de M. le
Dr Aigre, maire de Boulogne.

(2) Le bureau de bienfaisance de Nancy vient de mettre à

A Soissons, c'est une association mutualiste qui dirige une œuvre antérieure au plus grand nombre de celles dont nous venons de parler. Dès 1879, M. Périn, président de la Société de secours mutuels, mettait à la disposition des membres de cette association un vaste terrain lui appartenant et situé sur la route de Compiègne. Ce terrain fut divisé en 51 parcelles attribuées par préférence aux sociétaires ouvriers mariés. Chaque preneur paie à la Société un loyer annuel de 2 fr. 50, et doit entretenir son lot en bon état de culture, sans gêner ses voisins. Les jardins, laissés généreusement à la Société par les héritiers de leur créateur, continuent à être recherchés par des ouvriers habitant une ville fermée, où leurs occupations professionnelles les maintiennent la plus grande partie de la semaine. Chaque rapport annuel constate les avantages offerts par les jardins, au double point de vue de la santé et du profit qu'en retirent les bénéficiaires.

Bien qu'il ne s'agisse plus de jardins ouvriers, au sens strict du mot, nous ne pouvons terminer l'étude une organisation analogue, par suite du courant déterminé dans cette ville par le *Congrès des jardins ouvriers*, réuni le 25 septembre 1898.

Le bureau de bienfaisance de Sedan a alloué, en décembre 1898, une somme de 200 francs à l'Œuvre de la Reconstitution de la famille, à la charge de fournir des jardins à trois familles qui renoncent spontanément aux secours mensuels pour obtenir de la terre à cultiver.

ce chapitre sans indiquer, au moins sommaire-
ment, ce qu'ont fait les patrons et compagnies
industrielles pour faciliter à leurs ouvriers la
culture de la terre.

Au début des exploitations minières du
Nord (1), du Pas-de-Calais (2) et du Centre (3),
ce fut une nécessité pour les compagnies de
construire des habitations destinées aux ouvriers qui travaillaient dans des exploitations
éloignées des villes ou villages. Ces habitations,
dites *corons,* étaient toujours accompagnées
d'un jardin où le mineur pouvait employer les
heures laissées libres par le travail du fond, en
même temps qu'il renouvelait ses forces par un
véritable bain d'air et de soleil. Le succès
qu'obtinrent ces petites cultures locales enga-
gea les compagnies à fractionner en lots de
médiocre étendue les terrains, souvent considérables, qu'elles étaient obligées d'acquérir
par crainte d'affaissements entraînant des procès
avec les propriétaires de la surface. Ces lots,
toujours très recherchés, étaient cultivés en
gros légumes (pommes de terre, choux) et même
en céréales (avoine ou seigle pour les lapins).

Les grands établissements industriels ne mon-
trèrent pas un moindre souci de favoriser par
ce moyen le bien-être de leurs ouvriers.

(1) Anzin, Aniche, l'Escarpelle, Douchy, etc.
(2) Lens, Courrières, Nœux, Bruay, Grenay, etc.
(3) Montluçon, Blanzy, Montceau-les-Mines.

Sur plusieurs points de l'Alsace et de la Lorraine (1), ces derniers avaient déjà l'habitude d'allier le travail agricole au travail industriel. Le rôle des patrons se borna à encourager ces habitudes en les maintenant, même au prix d'une gêne pour leur exploitation industrielle. Ils en ont été récompensés par une remarquable permanence dans les engagements de leurs ouvriers.

Ailleurs, où la population ouvrière devait être amenée du dehors, il a fallu construire des mäisons, comme dans les exploitations des mines. On a bien vite adopté partout le type de la maison indépendante pour chaque ménage, jointe à un jardin de plusieurs ares. Telles ont été les constructions exécutées à Beaucourt chez MM. Japy frères, à Larivière, près Limoges, chez MM. Bouillon frères, etc.

Quelques compagnies sont allées plus loin en facilitant à leurs ouvriers la location de terres à prix réduits. La Compagnie des glaces de Saint-Gobain, par exemple, cède à ses ouvriers des

(1) Notamment dans la fabrique de rubans Legrand et Fallot, au Ban-de-la-Roche, dans les forges de Niederbronn et de Zornhoff, près Saverne (basse Alsace), dans les filatures de Wesserling (haute Alsace), etc. — Voir le *Nouvel ordre de récompenses*, rapport de M. Alfred Le Roux à l'Empereur, Paris, Paul Dupont, 1867 ; — et aussi le rapport devenu classique de M. E. Cheysson sur les *Institutions patronales* (Rapports du Jury de l'Exposition universelle de 1889, groupe de l'Économie sociale, 2e partie, p. 351-516, Paris, Imprimerie nationale, 1892).

terres qu'elle se charge de fumer et de labourer.

La Compagnie des mines de Blanzy, qui a
créé aux environs de Montceau quatre villages
comprenant ensemble plus de mille logements,
a établi un service spécial d'avances pour
acquisition de terrains et constructions. Depuis
le 1er janvier 1893, ce service est confié à une
banque populaire, *la Prudence*, dont les ouvriers
sont à la fois les actionnaires et les administrateurs. Les prêts, garantis par une assurance
mixte sur la vie et par une hypothèque sur le
sol, sont remboursés en quinze annuités.

Ces habitudes de vie mixte, pour ainsi dire,
sont traditionnelles dans le bassin de la Loire.
De longue date, des montagnards du Velay ou de
l'Auvergne sont venus chercher dans les mines
des environs de Saint-Étienne, l'emploi des
loisirs que leur laisse la saison d'hiver. Dans le
village de Brassac, près de Brioude, tous les
mineurs sont en même temps cultivateurs (1).
Les mineurs ouvriers, fixés près des puits,
remontent toujours à une, deux ou trois générations au plus, à une famille d'agriculteurs
originaires des hauts plateaux. Pour eux l'agriculture est une tradition de famille, une sorte

(1) P. du Maroussem, *Piqueur sociétaire de la mine aux mineurs (les Ouvriers des deux mondes*, 2e série, 43e fascicule).
— Voir aussi de Rousiers, *la Question ouvrière en Angleterre*
p. 311.

d'atavisme. Ils se remettent sans effort à la culture d'un jardin; le R. P. Volpette était placé sur un terrain d'élection pour développer son œuvre.

Ces habitudes semblent avoir gagné même les populations industrielles de l'agglomération lyonnaise. Autrefois, cent mille canuts s'étageaient le long de la Croix-Rousse. Il en reste à peine dix mille aujourd'hui. Le reste est allé s'établir dans les départements environnants, Isère, Drôme, Ardèche ; chacun y occupe un petit jardin entouré d'un champ. Le métier ne chôme guère ; mais, tandis que la mère ou la fille est en train de tisser, le père ou le fils est dans son champ, à le cultiver, ou parfois même, chez un propriétaire voisin, à faire des journées (1).

Dans le bassin du Nord et du Pas-de-Calais, au contraire, le goût pour la culture de la terre semblerait subir un mouvement de recul assez sensible chez les mineurs, d'après les renseignements qui nous sont communiqués (2).

Dans le Pas-de-Calais surtout, la période de prospérité qui s'ouvrit en 1890 et amena une

(1) Joseph Chailley-Bert, *le Mouvement social* (*Journal des débats* du 4 juillet 1895).

(2) On comprendra le motif qui nous fait taire les noms de nos correspondants et les centres visés. Nous espérons que le lecteur voudra bien nous croire, quand nous lui affirmons que ces renseignements émanent de personnes autorisées et ont été contrôlés avec soin.

augmentation sensible des salaires, a modifié le genre de vie de l'ouvrier. Il prit l'habitude de passer au cabaret ses heures de liberté, et d'abandonner la culture, considérée comme un travail inférieur, aux femmes et aux enfants. Les idées socialistes, en propageant le principe des huit heures de travail, faisaient considérer comme un faux frère, comme un « fainéant », tout mineur qui cherchait à compléter par un travail supplémentaire l'insuffisance du salaire principal. De là des railleries, puis de mauvais procédés, enfin des faits d'intimidation contre l'ouvrier cultivant un champ, surtout si ce champ se trouve éloigné de son habitation.

C'est ainsi que, dans la mine de X..., un terrain de 7 hectares, situé à mi-route de deux groupes ouvriers d'une population totale de 15 000 âmes, distants de 1 500 mètres, n'a plus trouvé d'amateurs; la Compagnie a dû le louer à des cultivateurs de profession.

Dans une autre compagnie, les propriétaires d'un terrain de 70 hectares, autrefois complètement loué par parcelles, ont dû récemment se décider à le planter en bois, ne trouvant plus de preneurs.

Il y a là des faits relativement nouveaux, mais qui sont de nature à préoccuper tous ceux qui, à la suite de Le Play, préconisent l'alliance des travaux de l'atelier avec les industries rurales et manufacturières. On trouve encore des culti‑

vateurs attachés à leur jardin parmi les vieux
ouvriers et dans les anciennes familles de mineurs; les jeunes générations s'en éloignent de
plus en plus.

Sur d'autres points, au contraire, où l'industrie a conservé un caractère plus familial, nous
voyons les ouvriers répondre avec empressement
aux avances de leurs patrons, en mettant tous
leurs soins à cultiver la terre mise à leur disposition.

A Nancy, un honorable commerçant a loué
douze jardins dont il concède la jouissance gratuite à douze de ses plus anciens ouvriers ou
employés, chargés de famille.

Dans une ville des bords de la Loire, que nous
regrettons de n'être pas autorisé à désigner plus
explicitement, un jeune industriel, lecteur assidu
de la *Réforme sociale* et du *Bulletin de la Ligue
du coin de terre*, a loué près de son usine un
terrain d'un demi-arpent dont il a abandonné la
jouissance à ses ouvriers. Les lots de deux ou
trois *chaînées* chacun semblaient bien suffisants
au début; aujourd'hui, après une première récolte, tout le monde les trouve trop petits. Des
gens qui n'avaient jamais touché une pelle se font
donner des leçons par leurs voisins, et se pro-
mettent de faire aussi bien qu'eux, l'an prochain.
On a commencé à élever de petites cabanes où
on venait souper et passer la soirée, pendant les
chaleurs du mois d'août. On vit en camarades,

groupés auprès du patron, dont le jardin est voisin, et qui a supprimé sa clôture du côté qui touche à ses ouvriers, pour leur donner libre accès à la pompe qui fournit de l'eau pour l'arrosage.

Depuis deux ans, les Jardins ouvriers ont eu leur place marquée dans les divers congrès catholiques. Déjà, le 19 novembre 1897, la question était posée à l'Assemblée générale des catholiques du Nord et du Pas-de-Calais, réunie à Lille, par un rapport de M. le Dr Lancry, suivi d'une discussion conduite avec une haute compétence par M. l'abbé Lemire. Le 12 décembre suivant, M. l'abbé Brulaz, directeur de *la Croix des Deux-Sèvres*, lisait un travail sur le même sujet au deuxième congrès de la Démocratie chrétienne, réuni à Lyon. En 1898, de nouvelles communications furent faites au Congrès de la Jeunesse catholique (1), au troisième Congrès de Démocratie chrétienne (2), à l'Assemblée générale des catholiques du Nord et du Pas-de-Calais (3), au troisième Congrès national catholique (4).

Au moment où avaient lieu ces dernières réunions, les Jardins ouvriers avaient eu déjà

(1) Besançon, 18 novembre. Rapport du R. P. Volpette sur les Jardins ouvriers de Saint-Étienne.

(2) Lyon, 21 octobre. Rapports de MM. Dombray-Schmitt et Laurent, sur les Jardins ouvriers de Nancy et Saint-Étienne.

(3) Lille, 16 novembre. M. l'abbé Lemire : Développement de l'OEuvre des Jardins pendant l'année écoulée.

(4) Paris, 3 décembre. M. Louis Rivière : Organisation d'un groupe de Jardins ouvriers.

leur Congrès spécial, réuni à Nancy, le 25 septembre 1898, sous la présidence de M. le comte Malval. Plusieurs rapports préliminaires avaient étudié les diverses questions soumises au Congrès, qui se divisa en trois commissions :

1º Organisation des groupes de jardins ;

2º Rapports avec les autres œuvres d'assistance privée ;

3º Rapports avec l'Assistance publique (1).

(1) Le compte rendu du Congrès a été publié chez Gérardin Nicolle et Cie, à Nancy, 1898, brochure in-8º de 78 pages, 1 fr. On trouvera dans ce document les discussions et conclusions, dans le détail desquelles nous ne pouvons entrer ici.

CHAPITRE II

LES JARDINS OUVRIERS A L'ÉTRANGER

La Ligue belge du coin de terre et du foyer. — Jardins de
Bruxelles. — L'Œuvre de Nivelles. — Les jardins créés par
le *Magistrat* de Berlin. — Les Conférences de Saint-Vincent-
de-Paul en Westphalie. — Les Jardins ouvriers aux États-
Unis : l'expérience de Détroit, son extension à Boston,
New-York, Philadelphie, etc. — Angleterre : loi sur les
Allotments. — Le *Sturge Bourne's Act*. — Applications par-
ticulières à Gloucester et Salisbury. — Italie : les Jardins
ouvriers de Milan et de Rome.

Il y a trop de sympathies naturelles entre la
France et la Belgique pour que le mouvement
ne franchît pas facilement la frontière conven-
tionnelle qui sépare ces deux pays.

Un prêtre français retiré à Bruxelles, M. l'abbé
Gruel, ancien curé d'Oignies-en-Artois, servit
de trait d'union. Dans une de ses chroniques (1),
M. le Dr Lancry nous fait un portrait charmant
de cet enthousiaste de soixante-douze ans, avec
« sa bonne figure toute ronde, qui sourit toujours,
encadrée d'une auréole de cheveux blancs ».
Après avoir préparé le terrain par la publication

(1) M. le Dr Lancry a publié chaque semaine, depuis dix-
huit mois environ, une chronique sur les Jardins dans la *Justice sociale.*

de plusieurs brochures (1), M. l'abbé Gruel
exposa ses idées dans une conférence publique
faite au cercle Léon-XIII, à Bruxelles. M. Goc-
maere, conseiller communal de Saint-Josse-ten-
Noode, et membre du Conseil de l'industrie et
du travail, lui offrit son concours, et tous deux
fondèrent, au printemps de 1896, la *Ligue du
coin de terre et du foyer insaisissables.*

Comme l'œuvre de Sedan, « la Ligue est basée
sur la mutualité et sur la transformation de la
bienfaisance en argent, en bienfaisance en terre et
en foyer. Elle travaillera à donner en jouissance
au père de famille légitimement marié, et sans distinction de parti et d'opinion, un coin de terre à
cultiver et sur lequel il pourra, moyennant
certaines conditions, construire son foyer (2). »

En un an et demi, la Ligue de Bruxelles a
loué treize parcelles de terrains vacants dans la
ville et les faubourgs, formant ensemble une
contenance de 10 hectares, moyennant un prix
total de 1 209 francs. Ces terrains ont été divisés
en lots de 5 ares et donnés gratuitement en
jouissance à 200 pères de famille, choisis parmi
ceux qui ont un nombre d'enfants que leur salaire
permet difficilement d'élever. C'est, au total,
plus de mille personnes qui sont ainsi secourues.

---

(1) *La Réforme agricole*, Bruxelles, 1894 ; *A chacun son foyer
insaisissable*, Bruxelles, 1895 ; *la Vie individuelle et sociale*,
revue périodique, 1895.
(2) Art. 2 et 3 du règlement de la *Ligue.*

Sur l'invitation du ministre du commerce, la Ligue a pris part à l'exposition de Bruxelles et le jury international lui a décerné une médaille d'argent (1).

Nous avons eu le plaisir de visiter, en juin dernier, les jardins ouvriers de l'abbé Gruel. Ils s'étendent au nord-est de l'agglomération bruxelloise, entre le rond-point de la rue de la Loi et la chaussée de Louvain, en avant de l'ancien tir national (2). « Nous avons loué l'esplanade où on faisait manœuvrer la garde civique, disait en souriant le vénérable fondateur, nous avons rendu du coup la Ligue populaire dans toute la garde. » Et, en effet, dès qu'il entre dans un des champs, l'abbé Gruel est entouré de tous les cultivateurs, pères, mères, enfants, qui veulent l'attirer dans leur terrain, lui montrer leurs légumes, lui demander un conseil, comme à un directeur et un ami.

Il est bien leur ami à tous. Maintenant qu'il leur a donné un terrain à cultiver, son désir serait de le leur assurer en propriété, puis de leur y construire une maison.

(1) *Rapport sur le premier exercice de la Ligue* (1896-1897), par M. Joseph Goemaere, Bruxelles, 1897.
(2) D'autres groupes ont été constitués à Schaerbeck, Uccle, Anderlecht et Molenbeck Saint-Jean, autres faubourgs de Bruxelles, à Anvers, Arlon et Namur. Un groupe très prospère existe à Saint-Nicolas, dans la Flandre orientale. Les membres des conférences de Saint-Vincent-de-Paul donnent un concours actif à la formation de ces comités, qui sont cependant indépendants des conférences.

Nous examinerons plus loin cette combinaison (chap. v). En attendant, on a inauguré, il y a quelques mois, le 1er mars 1898, la *Société mutuelle du loyer*, dont le siège est rue Verhas, 44, à Schaerbeck. Elle comprend des membres honoraires et des membres participants, ceux-ci groupés par dix, sous la direction d'un décurion qui contrôle les cas de maladie, les changements de domicile, etc. Chaque participant verse 50 centimes par mois, et, en cas de maladie d'une durée supérieure à dix jours, il touche pendant trois mois un secours de 15 francs par mois, applicable au paiement du loyer. La caisse compte déjà 250 adhérents; le président et les conseillers sont des ouvriers, l'abbé Gruel est trésorier.

L'excellent homme est-il un actuaire bien expert, a-t-il pioché les tables de Ducpétiaux avec autant de soin que les livres saints? Je n'en répondrais point. Mais les objections n'osent se produire en face de cette conviction, de cette foi ardente, qui fait toujours des miracles. S'il y a quelque déception financière, la générosité des membres honoraires la comblera; il restera l'œuvre de charité, l'entente entre les adhérents, leur confiance dans leur bienfaiteur, cette détente bienfaisante de tout l'homme qui a souffert, de l'ancien ouvrier socialiste devenu propriétaire.

Avant les créations de l'abbé Gruel, une première tentative de jardins ouvriers avait été faite

en Belgique, par l'initiative du bureau de bienfaisance de Nivelles.

En 1879, un ouvrier de cette ville, chargé de
famille et hôte habituel du cabaret, disait à M. le
Dr Lebon, président du bureau de bienfaisance :
« Donnez-moi un jardin de dix verges, et je
renonce aux verres de genièvre. »

Ce mot a suffi pour suggérer à un homme d'in-
telligence et de cœur la pensée d'une création
sans précédent, à ce moment, en Belgique. Le
bureau de bienfaisance convertit ses propriétés
voisines de la ville en petits jardins de vingt-
cinq verges qu'il loue aux familles ouvrières les
plus recommandables, à raison de 50 centimes
la verge. Le rapport du comité de patronage des
habitations ouvrières et des institutions de prévoyance pour l'arrondissement de Nivelles fait
ressortir l'heureux effet qu'a cette petite culture
sur l'état mental de l'ouvrier, autant et plus que
sur sa situation matérielle (1).

Jusqu'ici nous sommes restés sur un terrain,
sinon exclusivement français, du moins de formation et d'institution françaises. Nos amis de
Belgique nous sont unis par tant d'idées communes ; ils ont su en tant de circonstances nous

(1) J. Cazajeux, *le Mouvement social à l'étranger* (*Réforme
sociale*, 1891, t. I, p. 726).

Nous parlerons plus bas, chapitre v, des heureuses initiatives
prises par la caisse d'épargne de Nivelles en matière de construction de maisons ouvrières.

3.

suggérer d'heureuses innovations pour l'amélioration de nos propres lois, que nous ne pouvons
nous croire à l'étranger quand nous allons chez
eux. Il en est autrement quand nous passons
dans les pays de formation germanique ou anglo-
saxonne. Cherchons donc comment on y a
compris l'assistance par le travail de la terre :
nous en trouverons des exemples caractéristiques
en Allemagne et aux États-Unis.

La capitale de l'Allemagne est administrée,
comme celle de la France, par un conseil municipal fort partisan des idées interventionnistes.
A Berlin, du moins, on peut alléguer que ces
idées sont conformes à la tradition prussienne
de l'État-Providence, au « despotisme éclairé »
de Frédéric II. Nous n'avons donc point à nous
étonner de voir l'assistance par la terre établie
sur une grande échelle par l'initiative de la Commission des pauvres du Magistrat (1) de Berlin.
Les conditions locales rendent, du reste, l'expérience relativement facile. La capitale allemande
s'élève au milieu d'une plaine monotone et sa-
blonneuse, peu propre aux habitations de plai-
sance ; rien qui ressemble à notre banlieue
parisienne si peuplée, si morcelée, si charmante.
A l'extrémité des longues rues droites, les hautes
maisons cessent brusquement, et vous vous
trouvez dans la campagne nue, plate, indéfinie,

(1) Conseil municipal et municipalité considérés comme
unité administrative.

immédiatement livrée à la grande culture.

Dans de telles conditions, il a été facile de louer, au nord, à l'ouest et à l'est de la ville, 104 hectares de terre, en 12 pièces, immédiatement divisées en 2 600 parcelles de 4 ares, louées aux indigents de la ville. Le nombre des individus composant les familles participantes a été de 15 542, dont 2 217 ménages et 10 800 veuves ou enfants mineurs. Les terres ont été ensemencées uniformément en pommes de terre. Les parcelles sont louées 7 marks 50, soit 9 fr. 50. La récolte totale, évaluée au cours de la halle de Berlin, a produit 88 057 marks, ce qui représente 34 marks par parcelle, soit un gain de 27 marks (33 fr. 75) par occupant (1).

C'est un bénéfice fort appréciable pour un ménage pauvre, surtout si l'on considère que ces pommes de terre auront été consommées en nature et ont évité, par conséquent, une dépense bien plus considérable en achats d'aliments.

Cependant, la commission spéciale chargée de suivre l'expérience a décidé qu'elle prendrait fin au 31 décembre 1897. Elle en donne quatre raisons :

1° L'extension des faubourgs de la capitale qui atteint les champs en culture depuis 1894 et

---

(1) Nous tenons ces renseignements de la Direction des Pauvres de la ville de Berlin, qui, comme toujours, a bien voulu répondre avec la plus grande bienveillance à nos questions. Nous lui en exprimons ici toute notre reconnaissance.

forcerait à transporter les concessions trop loin du domicile des bénéficiaires.

2° Les conditions défectueuses d'un grand nombre de logements qui n'ont même pas une cave ou un réduit où on puisse conserver les pommes de terre récoltées.

3° L'élévation de la charge supportée par la Direction : la dépense nette a été de 19 610 m. 73 en 1896, soit 7 m. 84 par parcelle pour un produit net moyen de 27 marks.

La Direction estime qu'il y a plus d'avantages pour les intéressés à recevoir, au lieu d'allocation de terres, des distributions gratuites de pommes de terre « qui ne devront cependant pas être considérées comme une aumône ».

Nous aurions aimé qu'on nous expliquât en quoi elles en différereut.

Sur un autre point de l'Allemagne, en Westphalie, les conférences de Saint-Vincent-de-Paul avaient, comme en France, pris l'initiative de la création de jardins ouvriers.

C'est à Münster que l'œuvre a été inaugurée, il y a environ vingt-cinq ans. On décida alors d'employer les revenus d'une fondation à la location d'une pièce de terre de 7 hectares et demi, située près de la ville. Cette pièce fut divisée en cent cinquante parcelles d'inégale grandeur qui furent mises à la disposition des pauvres à des prix qui varient de 3 à 14 marks, suivant qualité et contenance. Les preneurs ne sont pas uniquement des pauvres, il y a aussi parmi eux beaucoup d'ouvriers à l'aise, même de petits patrons établis, désireux de récolter eux-mêmes leur provision en légumes et pommes de terre.

Un membre de la conférence est spécialement chargé de surveiller la bonne tenue des champs et d'encaisser les fermages. Les paiements ont lieu au mois de juin ou de juillet, époque la plus commode pour se procurer de l'argent. Au moment de la location, le preneur verse un acompte d'un mark, qui est compté en déduction de son fermage. On a pris cette mesure dans le but de prévenir les locations inconsidérées, faites par des gens qui laissaient ensuite leurs terrains en friche. Il est bien rare maintenant qu'un terrain soit négligé et qu'un fermage reste impayé.

La conférence de Brilon a imité, depuis quelques années, l'exemple donné à Münster. Un groupe de jardins a été créé également à Paderborn, en 1896. Ces deux dernières conférences réservent la location de leurs champs aux familles qu'elles assistent.

« Partout on signale l'excellent effet moral produit par cette culture en famille d'une provision de légumes, pendant les moments de liberté qui se passent trop souvent au cabaret (1). »

(1) *Bulletin de la Société de Saint-Vincent-de-Paul*, 1894, p. 277; 1890, p. 269; 1897, p. 252. — Communication du prési-

L'année 1894 a été marquée, aux États-Unis, par une crise commerciale intense. De toutes parts, on s'est ingénié pour trouver des moyens d'assister les ouvriers sans travail. A New-York, la grande *Association pour l'amélioration de la condition des pauvres* a pour maxime de donner son assistance en travail, en placement, en conseils, mais de limiter au strict nécessaire les secours en argent, qu'elle considère comme un encouragement à la paresse, à l'abandon de tout effort (1). Conformément à ses principes, la Société organisa pendant cet hiver des travaux de balayage des rues et de blanchissage, qui occupèrent des indigents payés à raison de 1 dollar par jour. Le travail effectué fut peu satisfaisant et le résultat général médiocre.

Au même moment, M. Pingree, maire de Détroit (Michigan), eut l'idée d'utiliser les « unemployed » pour la culture des terres vacantes dans la commune. Une commission immédiatement constituée s'assura 430 acres (172 hectares) de terrains, qui furent divisés en lots d'un demiacre et loués à 945 familles.

On leur fournissait, en outre, les outils et les semences. Ces familles furent ainsi soutenues pendant tout l'hiver et la dépense pour chacune

dent du conseil de Münster à l'auteur, en date du 30 septembre 1898.

(1) Voir sur l'organisation de cette Société un très intéressant article de M. P. Bidoire dans la *Réforme sociale*, 16 septembre 1896, p. 421.

ne dépassa pas 3 dollars 60 cents (18 francs).

La grande Association de New-York, toujours admirablement renseignée sur les questions d'assistance, eut immédiatement connaissance de l'expérience de Détroit (Detroit experiment), comme on disait déjà. Elle s'entendit avec sa voisine (1), la *Charity organization Society*, dont j'aurai suffisamment indiqué l'importance en disant que c'est le modèle dont s'est inspiré, à Paris, M. Léon Lefébure pour la création de son bel Office central des Institutions de bienfaisance, dont chacun est à même d'apprécier tous les jours les multiples services. D'un commun accord, on constitua une commission qui se procura des terrains dans Long-Island, au delà du large bras de mer qui sépare New-York de Brooklyn. Grâce au chemin de fer, les communications sont faciles et peu coûteuses. 138 acres furent mis à la disposition d'ouvriers sans travail, toujours en donnant la préférence à ceux qui étaient chargés de famille. On leur fournit la semence, le terrain défriché à la charrue, les outils. En outre, un surveillant expérimenté donnait à chacun de ces cultivateurs novices les conseils nécessaires.

Mais les récoltes mettent longtemps à croître.

(1) Les deux Sociétés occupent en commun le *United charities building*, qui leur a été donné par M. John Kennedy. On trouvera la description de ce monument dans la *Réforme sociale* du 16 février 1892, p. 201 sq.

Comment feraient ceux qui avaient besoin d'un secours immédiat ?

A ceux-là on offrit le travail à la journée à la *ferme coopérative*. C'est une réserve de 38 acres, cultivée directement sous la direction du surveillant. Chaque ouvrier a été payé 50 cents par jour, en bons de la *Christian industrial Alliance*, qui fournit des aliments à prix très réduits (1). On leur promit, de plus, une part proportionnelle dans le produit net de la réserve.

La gestion a été menée à l'américaine, comme une affaire commerciale. Les graines et outils fournis ne l'ont été qu'à titre d'avance remboursable ; le surveillant a tenu un compte exact de tous les produits enlevés. Les résultats sont surprenants, et ne peuvent s'expliquer que par le soin extrême apporté à la culture et le haut prix qu'atteignent les primeurs à New-York. Le produit le plus élevé a été obtenu par un jardinier de profession qui, seul avec sa femme, a su tirer d'un terrain de 4 acres une somme de 430 dollars. Un autre, aidé par ses enfants, a fait ressortir ses journées à 4 dollars l'une. L'exposition collective de la *Vacant lots Farm* a obtenu un second prix à l'*Exposition des produits alimentaires de la ville de New-York*. Les résultats moraux ont été encore plus satisfaisants. Ces gens, qui auraient coûté en moyenne 35 dollars

---

(1) Avec ces bons, dit le rapport, une famille de trois personnes peut vivre à raison de 90 cents (4 fr. 50) par semaine.

à l'Assistance publique, ont vécu tout l'hiver moyennant un sacrifice de 4 ou 5 dollars, et on leur a rendu l'énergie morale par cette éducation de la volonté, qui est le but poursuivi par la Société. Un second prix a été décerné à un ivrogne avéré, condamné quinze fois pour ivresse publique. En apprenant que cet individu venait d'obtenir un lot, un agent de police, qui avait toutes sortes de raisons de le bien connaître, s'était écrié : « Quand la *Vacant lots Farm* n'aurait pas d'autre résultat que de débarrasser le pavé de New-York de ce gaillard-là, je dois reconnaître que c'est une excellente institution ! » Il est vrai que, l'automne venu, la récolte enlevée, notre homme est retombé dans son défaut favori. Mais on compte le guérir de nouveau au printemps, en lui rendant son champ (1).

L'exemple ainsi donné par Détroit et New-York a été imité par vingt-cinq villes des États-Unis au cours des trois dernières années. Une revue américaine, qui suit avec une attention toujours en éveil les questions relatives à l'organisation de la charité (2), nous a fourni

(1) A. I. C. P. Notes. *Cultivation of vacant City lots by the unemployed*, published by the New-York Association for improving the condition of the poor, p. 20. — Cette intéressante brochure nous a fourni tous les éléments de la courte analyse que nous venons de consacrer à l'organisation de New-York.

(2) *The Charities Review*, april 1898, p. 74 : Vacant lot cultivation, by Frederic W. Speirs, Samuel Mc Cune Lindsay and Franklin B. Kirkbride.

de précieuses indications statistiques, éminemment propres à illustrer les résultats déjà connus.

En comparant les renseignements qui nous sont fournis sur leur organisation, nous arrivons à classer ces diverses villes en trois groupes principaux (1) :

1° Villes où les cultures ont été organisées par les pouvoirs publics ;

2° Villes où les cultures ont été organisées par des sociétés charitables déjà existantes ;

3° Villes où les cultures ont été organisées par des comités spéciaux.

PREMIER GROUPE. — Détroit, Buffalo, Reading, Kansas-City, Toledo.

A Détroit, l'œuvre entreprise en 1894 par l'initiative personnelle du maire, M. S. Pingree, est devenue dès la première année une institution municipale, dirigée par deux commissions. L'une s'occupe de la direction matérielle de

(1) Dans deux villes seulement l'organisation des terrains de culture a pris une forme spéciale qui ne rentre pas dans l'une ou l'autre de ces catégories :

1° A Rochester, la culture des terres vacantes n'est guère qu'une forme du secours à domicile (out-door relief). L'inspecteur des pauvres remet aux assistés un ticket à l'aide duquel ils sont admis à travailler deux jours par semaine, et reçoivent en paiement des provisions ou du charbon pris au magasin central. La valeur de ce salaire varie de $ 3 à 4,50 par semaine. Ce mode de procéder a l'inconvénient de ne pas intéresser l'assisté au succès des cultures.

2° A Duluth (Michigan), l'évêque, Mgr Mc Golrik, a réparti entre 120 familles les terres mises à sa disposition, mais sans organisation spéciale de surveillance et de direction.

l'exploitation, tandis que l'autre désigne, après
enquête, les familles auxquelles des terrains
seront attribués. En trois ans, on estime que la
ville a réalisé une économie de 64 000 dollars
sur les secours publics qu'elle aurait dû distribuer, et le conseil municipal a porté à
5 000 dollars la subvention pour l'exercice 1897 :
la commission réclame l'acquisition d'une ferme
par la ville, de manière à assurer la perpétuité
d'une œuvre qui sera toujours nécessaire, quelque favorables que puissent devenir les circonstances.

L'association industrielle de Buffalo a recueilli,
en 1895, des souscriptions qui se sont élevées à
$ 2 000, pour imiter l'exemple donné à Détroit.
Sur la proposition du maire, M. Hewett, la ville
a pris l'œuvre à sa charge dès la même année.
En 1897, on a secouru 10 590 personnes moyennant une dépense totale de $ 3 000, réalisant
pour les finances municipales une économie
évaluée à $ 30 000.

La mairie de Reading a entrepris directement
la création de jardins, et constate des résultats
analogues. La dépense à la charge de l'adminis-
tion a été de $ 317,63.

SECOND GROUPE. — New-York, Brooklyn,
Boston, Chicago, Seattle, Dayton (Ohio), Omaha.

Dans le plus grand nombre de ces villes, la
société organisatrice a préféré faire appel au
concours d'une société d'un caractère plus

général, qui lui offrait l'appui d'une organisation déjà existante. C'est aux *Charity organization Societies* qu'on a eu recours dans la plupart
des villes. Nous avons déjà exposé le rôle actif
joué à New-York par l'*Association for improving
the condition of the poor*. A Brooklyn, c'est le
Bureau of charities qui a assumé ce rôle de
patronat charitable. Dans cette dernière ville,
le chemin de fer local a concédé le transport
gratuit aux concessionnaires de terrains vacants,
sous certaines conditions de nature à éviter les
abus.

Boston est jusqu'ici la seule ville qui ait loué
une ferme pour assurer la perpétuité de l'œuvre
et mettre les concessionnaires à l'abri de la
crainte d'éviction, en cas de vente. La superficie
totale est de 60 acres, divisés entre 60 à 80 familles, et pour lesquels la ville a pris à sa charge
un fermage de $ 150.

La mairie de New-York a concédé gratuitement, pour l'exercice 1898, la jouissance de
321 acres à prendre dans le parc de Pelham,
pour être concédés à titre de cultures.

Troisième groupe. — Les comités spéciaux
constitués pour l'organisation des cultures de
terrains vacants ont conservé la direction exclu-
sive de l'œuvre à Denver, Philadelphie, Minnea-
polis et Providence.

A Denver, nous trouvons les représentants
d'une société de dames associés à ceux de la

Charity organization Society, et un tiers des 66 lots distribués est accordé à des femmes.

L'expérience de Philadelphie ne date que de 1897, mais elle a pris immédiatement une importance considérable, en raison des traditions philanthropiques spéciales à la « city of homes ».

Le comité spécial constitué en février 1897 commença par examiner avec le plus grand soin les essais antérieurs tentés dans diverses villes; puis il s'assura le concours d'un ancien fermier de l'Ouest, M. R.-F. Powell, qui consentit à prendre la direction du groupe de cultures à créer. Une commission de propagande, composée de 230 personnes, s'employa à faire connaître dans le public l'œuvre projetée, et à réunir des terrains et des fonds; 96 lots, comprenant en moyenne un quart d'acre, ont été répartis entre un nombre égal de familles. Grâce à une statistique tenue avec le plus grand soin par les intéressés eux-mêmes (1), sous le contrôle du surveillant (*superintendent*), on a pu déterminer exactement la valeur totale des légumes produits; elle a atteint pour l'année $ 5 965, soit une moyenne de $ 62 par tenure. Les dépenses du comité ont été de $ 1 825,33. On voit que le travail des concessionnaires a plus que triplé la valeur du sacrifice fait en leur faveur.

Avant de mettre un champ en culture, la

_____

(1) Nous reproduisons, *Annexe VII*, le modèle réduit de la carte remise dans ce but à chaque bénéficiaire.

commission réunit tous les ouvriers qui ont fait une demande de concession. On leur lit le règlement, on leur explique le but de l'œuvre, et on invite à se retirer ceux qui ne voudraient pas accepter ces conditions. Ceux qui restent (et c'est généralement la totalité) prennent l'engagement de se conformer exactement au règlement, d'obéir au *superintendent*, et de tenir exactement à jour la carte statistique qui leur est remise, dans le but de constater les produits obtenus. Les divers lots sont ensuite tirés au sort.

Chacun reçoit les semences nécessaires, mais doit se procurer ses outils. Si l'un ou l'autre ne peut les acheter, la commission lui en fournira, à charge de les rembourser sur le produit de la récolte. Tous les jardins doivent être cultivés sur un plan régulier, moitié en pommes de terre, l'autre moitié étant divisée entre les autres légumes (pois, fèves, choux, tomates, carottes, navets, oignons, radis, salade).

Quel que soit le type adopté pour l'organisation, toutes ces créations ont un caractère commun : ce sont des agences de secours pour ouvriers sans travail sur la base du *self-help*, et non des bureaux de distribution de secours. On écarte l'homme qui ne peut travailler aussi bien que le paresseux, sauf à renvoyer le premier à l'assistance publique, s'il est digne d'intérêt. Le but, c'est de procurer un moyen d'existence à l'ouvrier valide, soit qu'il se trouve momentanément sans travail, soit qu'il soit repoussé par l'industrie à un âge où il est encore susceptible de fournir un travail agricole suffisant.

Le premier résultat est de relever le niveau moral des assistés, de leur rendre le respect d'eux-mêmes, s'ils l'ont perdu, et de le préserver chez ceux qui l'ont conservé intact. Le contact avec un milieu nouveau, les perspectives d'un avenir meilleur, aident puissamment à cette œuvre de relèvement. C'est pour la seconder que les instruments, et quelquefois même les semences, sont fournis à titre d'avances remboursables, et non de dons gratuits.

Le rapport du maire de Détroit constate les excellents résultats obtenus sous ce rapport. Il n'y a que 5 p. 100 des concessionnaires qui n'aient pas montré une bonne volonté suffisante dans la culture de leurs terrains. Une surface relativement restreinte a suffi à assurer la nourriture d'une famille, et les propriétaires se sont félicités d'avoir prêté leurs terrains gratuitement, en évitant ainsi les taxes supplémentaires qu'eût probablement nécessitées la crise de 1894.

D'une manière générale, les résultats obtenus dès la première année ont dépendu de la promptitude avec laquelle on s'est mis à l'œuvre. Si on commence trop tard, les jardiniers improvisés ne peuvent plus espérer obtenir les primeurs

dont le prix élevé constitue la principale source
de bénéfices. Partout, on a constaté la bonne
qualité des produits et leur fraîcheur, qui leur
permet d'atteindre des prix supérieurs à ceux
qu'obtiennent les légumes envoyés de loin. En
général, le rendement des parcelles a varié entre
trois et quatre fois la somme dépensée. Toujours
les résultats financiers ont été satisfaisants. Dans
les sept villes où l'œuvre a été abandonnée après
un essai d'une année, cela a tenu à des considérations d'autre nature, jamais à un déficit.

Il est important d'éviter de mettre en culture
des lots d'une superficie trop petite, dont la surveillance devient difficile pour le *superintendent*.
Généralement on préconise une étendue de dix
acres (4 hectares) comme un minimum. Comme
ces terrains sont généralement concédés à titre
précaire, sous condition de délaissement immédiat en cas de vente, il est bon de constituer dans
chaque ville une *ferme coopérative* sur le modèle
de celle de New-York (*supra*, p. 52), où on
puisse occuper éventuellement les tenanciers
dépossédés. Cette organisation présente, en outre,
l'avantage de procurer un peu d'argent comptant,
en échange de journées de travail, aux travailleurs qui sont dénués de ressources jusqu'à la
vente de leurs légumes. Dans quelques villes,
on a même trouvé dans la ferme coopérative un
moyen de restreindre les frais généraux de
l'œuvre, chaque preneur s'engageant à fournir

gratuitement à la ferme deux ou trois journées, dont le produit bénéficie à l'ensemble de l'œuvre.

Le succès dépend surtout du choix du *super-intendent*, qui est la cheville ouvrière de l'entreprise. Il est difficile de rencontrer un homme qui soit à la fois un fermier pratique, connaissant le sol et le climat du pays, un commerçant susceptible de diriger les ventes en indiquant le meilleur moment, et un psychologue sachant manier des hommes de provenances si variées. Il doit être, en même temps, ferme et charitable, savoir sauvegarder les intérêts généraux de l'œuvre et favoriser chacun des assistés. Là où les résultats ont été les plus remarquables, à New-York, à Philadelphie, les divers rapports attribuent hautement au *superintendent* le mérite du succès ; tandis que les insuccès correspondent partout à des plaintes sur le caractère, l'assiduité ou l'expérience de cet agent.

Les fonds nécessaires à la création d'un groupe de jardins ont toujours été obtenus sans difficulté. Les dépenses sont modérées ; la principale consiste dans les fournitures de graines et semences, et le gouvernement souvent a alloué des distributions de ce genre, sur la demande des députés. On peut, du reste, les faire rembourser, si les ressources ne permettent pas de les donner gratuitement.

On doit avoir soin d'alterner les cultures, pour prévenir l'épuisement du sol, et c'est pour

cela qu'il est nécessaire de réserver au *superintendent* le droit de régler la distribution des
surfaces ensemencées. La moitié du terrain
consacrée aux pommes de terre semble une
proportion généralement adoptée.

Nous ne trouverons point en Angleterre un
ensemble de créations analogue à celui que nous
venons de dépeindre aux États-Unis. L'un des
plus récents historiens de notre œuvre a cherché
des analogies dans les diverses lois anglaises
promulguées sous les titres d'*Allotments acts*,
Small holdings act (1). Ni l'une, ni l'autre de ces
institutions n'ont le caractère charitable qui
caractérise les Jardins ouvriers, dans leur forme
typique.

La loi sur les *allotments* (2) a eu pour but de

(1) Sur cette importante et intéressante question, on lira
avec fruit les ouvrages suivants, auxquels nous empruntons
le meilleur de ce qui suit :

P. Arminjon, *l'Administration locale en Angleterre*, ch. x
(Paris, Chevalier-Marescq et Cᵢₑ, 1895, 1 vol. in-8º). — Paul de
Rousiers, *la Question ouvrière en Angleterre*, 2ᵉ partie, ch. v,
§ 1 (Paris, Firmin-Didot et Cᵢₑ, 1895, 1 vol. in-8º). — Le même,
le Trade-Unionisme en Angleterre, p. 97-114 (Paris, Colin et Cᵢₑ,
1897, 1 vol. in-8º).

(2) Ce mode de concession a été organisé par deux lois principales : 1882, *Allotments extension act* (45 et 46 Vict., ch. LXXX);
— 1887, *Allotments act* (50 et 51 Vict., ch. XLVIII). Ces lois pres-
crivent aux administrateurs des fonds affectés à des œuvres
charitables, de louer par fraction, à raison d'un acre (40 ares 1/2)
par personne, les terrains dont ils ont la charge. Sur une pé-
tition adressée par six personnes domiciliées aux autorités
sanitaires, celles-ci doivent rechercher s'il est possible aux
ouvriers d'obtenir des *allotments*. S'il n'y a pas de terrain

donner satisfaction aux réclamations fondées de
la classe ouvrière, et se rapprocheraient plutôt,
par conséquent, des institutions patronales dont
nous avons parlé à la fin du précédent chapitre.

Par suite de la concentration de la propriété
entre les mains d'un nombre restreint de *landlords* (1), l'ouvrier agricole ne possède pas en
Angleterre la moindre parcelle de la terre qu'il
cultive. Il est logé dans un *cottage* qui lui est
loué, soit par le fermier, soit par le propriétaire ;
dans un cas comme dans l'autre, cette location
entraîne une sorte de dépendance. Si c'est le
fermier qui fournit le logement, il réclame une
sorte de droit de préférence sur le travail du
preneur, et souvent à prix réduit ; si c'est le *land-*

disponible, l'autorisation d'en acquérir des grands propriétaires, même par expropriation, peut être accordée par le conseil de comté, sauf recours au *Board of Trade* (ministère de
l'intérieur) qui doit proposer un bill à cet effet.

Des bills de 1889 et 1890 ont organisé des garanties pour les
propriétaires.

En fait, on n'a jamais recours à l'expropriation. Les propriétaires ont toujours consenti à des arrangements amiables, plusieurs ont même pris l'initiative du morcellement de leurs
terres.

(1) Sur 33 millions d'acres représentant la surface utile de
l'Angleterre et de la principauté de Galles, 30 millions et demi
sont possédés par 2 184 propriétaires. On connaît le mot de
John Bright : « Le sol anglais appartient pour moitié à deux
cents personnes au plus. »

M. de Rousiers nous apprend que l'Angleterre a un propriétaire foncier sur 26 chefs de famille, l'Écosse 1 sur 30,
l'Irlande 1 sur 56.

La France en compte 1 sur 3. C'est là sa grande force con-
servatrice, en dépit des théories et même de certaines lois
plus ou moins socialistes.

lord, il faudra adopter ses préférences politiques ou religieuses, sous peine d'expulsion (1).

L'ouvrier rural, affranchi politiquement en 1884 et 1885, veut avoir sa maison et un terrain suffisant pour cultiver sa provision de légumes. La loi de 1887 a eu pour but de prévenir la propagande faite par les voitures vertes de la *Land Restoration League*.

Les mineurs du Centre s'étaient, du reste, associés à ces réclamations. Ces ouvriers souffrent chaque année de chômages causés par la diminution de la consommation du charbon pendant l'été. L'agriculture est tout indiquée pour leur fournir un travail supplémentaire à ce moment de l'année. Le mineur est aussi un ouvrier de la terre, partout il se met facilement à sa culture (2).

Les *small holdings* ou *petites tenures* s'éloignent encore davantage du type de nos Jardins ouvriers. Le but de la loi qui les institua (3) a été de créer des exploitations directes de petite étendue, de 1 à 50 acres, et de réagir contre l'expropriation de fait qui, au siècle der-

(1) Certains propriétaires ont refusé de laisser construire des chapelles pour des cultes dissidents auxquels appartenaient en grand nombre leurs *cottagers*. Quelques-uns de ceux-ci ont reçu congé pour avoir voulu organiser une *Union* (*le Trade-Unionisme en Angleterre*, p. 117).

(2) Voir ce que nous avons dit ci-dessus, p. 35, du mineur de Saint-Étienne.

(3) Elle a été promulguée le 27 juin 1892 sous le titre : *Small holdings act* (55 et 56 Vict., ch. xxxi).

nier, a dépouillé l'ouvrier rural de toute surface de terre, en constituant un véritable prolétariat rural.

Nous trouverions plutôt des analogies dans la législation antérieure aux lois que nous venons de citer et dans quelques applications récentes de ces mêmes dispositions.

Une loi de 1819, le *Sturge Bourne's Act*, autorise les gardiens des pauvres à constituer, avec le concours de la *vestry* (1), des lots de terra'n, soit pour les faire cultiver par les indigents, soit pour les louer à des habitants pauvres et laborieux, à un prix fixé par la *vestry*. Les gardiens disposaient de la faculté d'approprier à cet effet les terres paroissiales, ou, à défaut de celles-ci, d'en acheter aux propriétaires jusqu'à concurrence de 20 acres, ou d'en louer jusqu'à 50 acres.

Vers 184ۂ, une application particulière de ces principes a été faite dans le comté de Gloucester par un philanthrope éminent, M. le juge de paix Barwick Baker (2). Il loua à des ouvriers des

---

(1) Les *gardiens des pauvres* forment un *bureau* chargé de l'administration des biens des pauvres, de la perception des taxes spéciales et de la répartition des secours.

La *vestry* était l'assemblée paroissiale convoquée par les marguilliers. La loi de 1894 sur l'organisation locale a fait disparaître ce terme, remplacé par celui d'assemblée paroissiale (*parish meeting*).

(2) Le nom de M. Barwick Baker est universellement connu, grâce au *Berkshire system* pour la répression de la mendicité, dont il est l'inventeur, et qui consiste à obliger tout

4.

parcelles de terre d'une contenance de 5 à
50 ares, dont les prix variaient de 112 francs
l'hectare à la campagne, jusqu'à 675 fr. l'hectare
aux portes de la ville. Ces locations furent tout
d'abord en grande faveur. Le pain était cher, les
salaires réduits. Le preneur trouvait dans son
champ des ressources appréciables et on consta-
tait que les attractions du cabaret perdaient en
même temps de leur force.

La baisse du prix du pain et l'augmentation
des salaires font moins apprécier aujourd'hui
ces locations. L'ouvrier agricole gagne facilement trois pence (0 fr. 30) par heure, et des
calculs établis sur le prix de vente des légumes
prouvent que le produit de son jardin ne lui
rapporte guère plus d'un penny par heure. Or
l'ouvrier anglais n'a pas la faculté de travail
presque illimitée de nos paysans français. Quand
il a cultivé son jardin avant d'aller chez le fermier, il rend moins de travail à celui-ci, et le
fermier lui paie un gage réduit, dont la diffé-
rence excède le gain produit par le jardin. La
perte est évidente (1).

Plus récemment, une autre expérience a été

individu circulant sans ressources à être porteur d'une feuille
de route visée chaque jour par la personne qui délivre un
secours.

(1) Nous devons ces renseignements à la courtoisie de Sir
Granville E. Lloyd Baker, qui continue les traditions charitables de son père, auquel il a succédé dans les honorables
fonctions de juge de paix de Gloucester.

faite par M. Lovibond, ancien maire de Salisbury. Ce respectable vieillard a réuni un certain
nombre d'ouvriers urbains en une société, en
vue d'acquérir des terrains dans les faubourgs
de la ville et de les administrer en commun. Il
les a formés en groupes de dix familles ou *décu-
ries* ; chaque groupe élit un président annuel et
la réunion des présidents forme un conseil de
direction chargé de délibérer sur les intérêts
communs à tous les associés : établissement et
entretien des chemins, achat de machines communes, avances aux sociétaires. Ces délibérations
sont soumises à l'assemblée générale qui décide
en dernier ressort (1).

Sur plusieurs points, les *landlords* ont pris
l'initiative de faire construire des *cottages* et les
louent avec des jardins de un demi-acre à deux
acres (20 à 80 ares). M. de Rousiers dépeint
ainsi ces constructions : « Accouplées deux à
deux, mais avec leur entrée complètement indépendante et leur petit jardin de 10 ares, elles
offrent un aspect gracieux et élégant. Deux

---

(1) On remarquera l'analogie avec le système d'administration établi à Saint-Étienne par le R. P. Volpette, qui ne con-
naissait certainement pas le règlement de Salisbury.

M. Lovibond avait imité, du reste, l'organisation créée sur
une plus grande échelle par son ami le major Poore à Win-
terlow, dans le Wiltshire. Voir l'article de M. Eug. Simon :
le Major Poore et les villages du Wiltshire (*Réforme sociale*,
1893, t. II, p. 301), et aussi un article de M. Arminjon : *la
Question agraire en Angleterre* (*Réforme sociale*, 1895, t. II,
p. 832).

pièces en bas, deux pièces au premier étage, de
petites dépendances permettant l'élevage de
quelques poules et l'engraissement d'un porc,
cela fait, on le voit, une installation modèle. Il
existe quarante cottages de ce type dans le village ; tous sont neufs et se louent 1 shilling
6 pence (1 fr. 85) par semaine (1). »

De son côté, M. Arminjon a visité en 1893 les
cottages créés au pays de Shakespeare, dans le
comté de Warwick, par un riche propriétaire,
M. Bolton Kind. Ce philanthrope a même construit à ses frais, pour ses locataires, un club de
paysans, luxueusement installé, où tous ont
accès moyennant une contribution d'un penny
par semaine (2).

En résumé, les jardins anglais sont réservés
partout aux ouvriers vivant de leur travail. Ils
leur procurent certains avantages en leur four-
nissant sans débours leur provision de légumes ;
ils exercent une action morale au point de vue
du développement des idées d'épargne et de tem-
pérance. Mais l'organisation est peu développée
et elle ne prend nulle part le caractère d'une
œuvre d'assistance.

---

(1) *Le Trade-Unionisme en Angleterre*, p. 116.
(2) Tous les propriétaires n'ont peut-être pas été animés de
sentiments aussi philanthropiques. Certains d'entre eux ont
été accusés d'avoir cherché dans le morcellement de leurs terres une compensation à l'abaissement du prix de fermage en
gros. « Ils nous font la charité en doublant leurs revenus »,
disait un paysan du comté d'Oxford à l'auteur de *Life in
our villages*. — Voir Arminjon, *op. cit.*, p. 191.

Nous terminerons cette revue rapide de l'étranger en annonçant que l'Œuvre des jardins ouvriers s'est implantée depuis quelques mois dans deux des plus grandes villes de l'Italie.

A Milan, c'est un religieux capucin, le R. P. Marie Bernard, qui s'en est fait l'apôtre. Voici ce qu'il écrivait il y a quelques mois à un autre religieux de son ordre, qui a été un actif propagateur de cette œuvre dans le midi de la France :

« Je travaille de toutes mes forces à l'installation de jardins ouvriers. Partout je suis accueilli avec enthousiasme. Je vous donnerai notre organisation qui est fort simple et enrôle tout le monde.

« Cette œuvre va être une des plus belles de la ville. Les familles s'inscrivent. Je forme des groupes de jeunes gens, car c'est en leurs mains que je veux placer plus spécialement cette œuvre. Bref, je suis rempli d'espoir, et nous réussirons, parce que Dieu le veut (1). »

Espérons que la propagande du R. P. Marie Bernard n'aura pas été entravée par les déplorables événements du mois de mai dernier !

A Rome, l'œuvre a été établie par un prêtre français, qui avait été l'un des fondateurs et premiers bienfaiteurs de la Ligue française du coin de terre et du foyer. Vingt jardins ouvriers de la contenance de 5 ares chacun ont été

(1) *Bulletin mensuel de la Ligue du coin de terre et du foyer*, nos 2 et 3, p. 50.

fondés par l'*Unione cattolica* au pied du Vatican (1), et leur vue quotidienne doit réjouir le cœur de l'illustre Pontife qui a tant fait pour la solution des difficultés sociales par une plus large effusion d'amour et de charité (2).

(1) *Justice sociale* du 24 septembre 1898, chronique de M. le Dᴿ Lancry.

(2) Une tentative pour créer des jardins ouvriers a eu lieu en Suède, il y a quelques années. Des terrains ont été aménagés dans ce but en Sickea, dans les environs de Stockholm. Mais, d'après les renseignements que nous recevons de cette ville, on a dû renoncer à poursuivre l'exploitation, en raison de la longueur de l'hiver et du peu de produit donné par les cultures.

En Norvège, on abandonne le système qui consiste à placer les indigents célibataires en « Laegd », à tour de rôle chez les principaux contribuables. Plusieurs communes ont créé des « fermes des pauvres ». Mais ce sont des établissements destinés plutôt aux mendiants qu'aux ouvriers. Nous n'avons donc pas à en parler ici.

CHAPITRE III

CRÉATION ET ADMINISTRATION D'UN GROUPE DE JARDINS

I. La Ligue française du coin de terre et du foyer. — Son
  action.
II. Classification des œuvres en six groupes. — Souplesse de
  l'institution: tout le monde peut l'utiliser, elle demande peu
  de capitaux, elle constitue une organisation excellente de
  l'assistance par le travail.
III. Organisation d'un groupe : comité, bureau, membres honoraires. — Règlement : travail du dimanche, avantages
  aux familles nombreuses, conditions de retrait de la concession. — Acquisition de la propriété, champ d'expérience,
  formes diverses d'œuvres accessoires. — La comptabilité.

Pendant que cet ensemble de fondations se
développait aux États-Unis, on ne restait pas
inactif dans le vieux monde, là où l'œuvre avait
pris naissance.

I

La Ligue belge du coin de terre et du foyer à
peine constituée exerçait une sorte d'action
réflexe sur la France, qui lui avait fourni l'idée
première. Le 21 octobre 1896, M. l'abbé Gruel
se rendait à Hazebrouck pour s'entretenir de sa
création avec M. l'abbé Lemire et un groupe

d'amis convoqués par celui-ci. On décida, séance
tenante, la création d'une Ligue française pour
le coin de terre et le foyer insaisissables, sous
la présidence de l'abbé Lemire, avec le docteur
Lancry comme secrétaire général.

La Ligue française a été autorisée par arrêté
ministériel du 25 juin 1897. Elle a son siège à
Paris, 28, rue Lhomond, et publie un *Bulletin*
mensuel dont le premier numéro a vu le jour
le 1er novembre 1897. Les quinze adhérents de la
réunion de Hazebrouck sont devenus aujourd'hui
plus de deux cents, et tous travaillent énergique-
ment à répandre l'Œuvre des jardins ouvriers
sur divers points de la province par la constitution de comités locaux, partout où se trouvent
réunis douze adhérents. Il est certain que c'est
à l'active propagande du comité central et au
zèle des comités locaux qu'est due la fondation
des groupes de jardins qui se sont constitués
depuis un an à Arras, Boulogne, Dijon, Poitiers,
Nantes, Albi, Brives, Magny-en-Vexin, Calais,
Saint-Omer, Douai, Saint-Brieuc, etc.

II

Il serait trop long d'insister ici sur chacune de
ces œuvres, au sujet desquelles on trouvera des
détails dans le tableau synoptique que nous
joignons à ce travail. On peut les classer en six
catégories :

1° Œuvres individuelles. Le prototype nous en est fourni par M. l'abbé François, vicaire à Templeuve. Voyant un jour dans un besoin pressant une famille dont le chef se trouvait sans travail, ce prêtre loue un petit jardin et en concède la jouissance gratuite à son protégé.

2° Confréries religieuses. Nous avons déjà fait connaître (*supra*, p. 29) le groupe de jardins établi sous cette forme par M. le curé Fourcy, à Montreuil-sur-Mer. A Mende, M. le chanoine Chapelle, directeur des œuvres diocésaines, a constitué une œuvre analogue au bénéfice des membres d'une confrérie de pénitents blancs, remontant à 1626, et dont presque tous les adhérents sont des ouvriers manuels de condition modeste.

3° Les organisations mutualistes indépendantes de tout esprit religieux, comme l'œuvre créée à Soissons dès 1879, par M. Périn, président de la Société de secours mutuels. L'Œuvre de la Reconstitution de la famille, fondée par Mme Hervieu à Sedan, sur le principe de la mutualité, rentre également dans cette catégorie.

4° Les organisations qui acceptent toutes les adhésions, sans aucune condition de pratique religieuse, tout en étant catholiques dans leur direction. L'œuvre de Saint-Étienne est le principal représentant de ce type; son règlement a été adopté par les œuvres créées à Boulogne et

Amiens par des religieux appartenant à la même Compagnie que le R. P. Volpette. Les œuvres de Reims, Saint-Omer, Brive, ont également imité l'organisation de Saint-Étienne.

5° Les œuvres fondées par les conférences de Saint-Vincent-de-Paul forment un groupe intermédiaire entre la seconde et la quatrième catégorie. En principe, elles admettent tout le monde, sans condition, à la jouissance d'un jardin, comme à leurs secours ordinaires. Il arrivera cependant, en fait, comme cela se produit déjà pour les secours, que la grande majorité des bénéficiaires se composera de familles catholiques, pratiquant les devoirs de leur religion.

6° Enfin l'organisation officielle par les bureaux de bienfaisance ou municipalités, ou par un accord entre les deux, comme nous l'avons vu se produire à Besançon, sur l'initiative de M. Charles Savoye.

La multiplicité de ces catégories nous montre immédiatement la merveilleuse souplesse de cette institution charitable. Depuis la forme patriarcale inaugurée à Templeuve, jusqu'à la petite république démocratique de Saint-Étienne, tous les modes d'assistance peuvent se servir des jardins ouvriers. En fait, les groupes de culture ont été constitués le plus souvent par des catholiques, et plus particu·lièrement par des prêtres. Rien n'empêche des sociétés protestantes, des syndicats étrangers à toute idée religieuse, et même des associations ouvrières à tendances collectivistes, de s'emparer du même principe pour l'appliquer (1). On l'a fait remarquer avec raison, les deux seules municipalités qui jusqu'à ce jour ont subventionné des jardins ouvriers, sont deux municipalités radicales (2). Et un des fervents propagateurs de l'œuvre écrivait jadis que les socialistes de Romans, Villeurbanne et Bourgoin en étudiaient l'application (3).

En même temps, cette œuvre a l'avantage de pouvoir débuter avec le plus mince capital. L'an dernier, une conférence de jeunes gens louait aux portes de Dijon un champ de 50 ares moyennant 40 francs par an et le partageait en dix parts ; voilà un groupe de jardins constitué. Si leurs ressources n'augmentent pas, les fondateurs pourront, pendant plusieurs années, continuer dans les mêmes conditions et assister

(1) Ce ne serait pas la première fois que les idées des catholiques seraient ainsi utilisées par leurs adversaires ou par des indifférents.

Le fameux *système d'Elberfeld*, inauguré dans la ville dont il a pris le nom et qui, après avoir fait le tour de l'Allemagne, vient d'entrer dans la législation autrichienne, n'est que l'application des principes posés, dès 1833, par les fondateurs de la *Société de Saint-Vincent-de-Paul* : remise des secours à domicile après une enquête préalable sérieuse faite par un habitant du quartier.

(2) Sedan et Besançon (Dr Lancry, *la Justice sociale* du 8 janvier 1898).

(3) M. V. Thierry, représentant de la maison Sicard, de Lyon-Villeurbanne (*la Justice sociale*, 5 mars 1898).

efficacement dix familles à raison de 4 francs
chacune. S'ils s'enrichissent, ils pourront ajou-
ter un second champ, puis un troisième, aller,
s'ils le peuvent, jusqu'à 20 hectares, comme
à Saint-Étienne. La multiplicité des pièces de
terre n'aura que des avantages, puisqu'elle permettra de rapprocher le jardin du domicile
de chaque assisté, sans nuire en rien à l'unité
de direction ni au bon fonctionnement de
l'ensemble. Quel avantage considérable, en com-
paraison des œuvres qui exigent de grands bâti-
ments, où, dans les constructions modestes du
début, il faut déjà prévoir les développements
ultérieurs possibles, sous peine d'avoir à tout
recommencer !

Enfin le travail de la terre constitue la meilleure solution aux difficultés soulevées par l'organisation de l'assistance par le travail (1).

Tous ceux qui se sont occupés de la création
d'œuvres de ce genre savent que la plus grosse
difficulté consiste précisément dans la détermination du travail qui sera ainsi offert aux assistés.
Ce travail doit être facile, puisqu'on n'a pas le
temps de faire un apprentissage ; il doit être
suffisamment rémunérateur pour représenter au
moins une portion notable du salaire et ne pas

(1) On sait que l'assistance par le travail a essentiellement
pour but de substituer au secours en argent ou en nature,
gratuitement donné, l'offre d'un travail rémunéré, librement
accepté, et qui doit être convenablement exécuté.

imposer à l'œuvre des sacrifices par trop lourds ;
il doit enfin ne pas faire au travail libre une
concurrence susceptible de provoquer une baisse
factice des salaires.

Jusqu'ici, un très petit nombre d'industries
ont pu satisfaire à ces conditions, et c'est là,
sans doute, la cause de ce temps d'arrêt dans la
création d'œuvres nouvelles que signalait récemment le président d'une des principales
sociétés d'assistance par le travail de Paris (1).
Il n'est pas jusqu'au classique margottin, inauguré jadis sur les hauteurs de Belleville par le
vénéré pasteur Robin, un ouvrier de la première
heure, et devenu depuis lors l'occupation favorite
des assistés, qui n'ait suscité les plaintes des
intéressés. Je me souviens d'avoir, au cours de
mes enquêtes à travers Paris, reçu à ce sujet
les confidences d'un marchand de bois : « Jadis,
me disait cet industriel, j'avais trois ouvriers
qui me fabriquaient toute l'année de petits fagots
et gagnaient de 5 fr. 50 à 6 francs par jour ;
depuis que la Société d'assistance par le travail
s'est établie dans le quartier, je n'en ai plus
qu'un seul, et j'ai dû diminuer le prix de façon,
en sorte qu'il ne gagne plus que 4 fr. 50. »

J'avoue que cette réponse m'a longtemps

(1) M. Gaufrès, président de l'Œuvre d'assistance par le travail des VIIIᵉ et XVIIᵉ arrondissements. (Séance du 19 novembre 1897 de la *Société internationale pour l'étude des questions
d'assistance.*)

troublé. Je me disais, en effet : « Si, pour donner du travail à des inconnus, dont un à peine
sur cinq est intéressant, nous le retirons à des
pères de famille du quartier, faisons-nous donc
une œuvre utile ? » J'ai fait part de mes inquié-
tudes à de plus compétents que moi, aucun ne
m'a fait une réponse satisfaisante ; mais on s'est
montré de plus en plus circonspect dans le choix
de nouveaux modes d'occupation, et la propagande a subi un temps d'arrêt.

Or, l'initiative prise par une femme de cœur,
sur notre vaillante frontière de l'Est, est venue
fournir la solution vainement cherchée à Paris
par les philanthropes et les économistes.

Ce métier que tout le monde peut faire sans
préparation, qui rémunère suffisamment celui
qui l'exerce, qui n'encombre jamais le marché,
c'est le premier et le plus simple de tous : c'est
le travail de la terre. Il n'est guère d'homme,
en effet, qui ne soit capable de manier une pelle
ou un arrosoir, sans étude préalable. La terre
offre cette particularité que, plus on la divise,
plus elle demande de bras pour cultiver la même
surface. Enfin, le marché n'est jamais encombré,
puisque les nouveaux cultivateurs consomment
les produits qu'ils font pousser et se paient à
eux-mêmes leur salaire en nature.

Mais ce ne sont pas seulement les œuvres
privées qui peuvent demander un précieux concours au travail de la terre.

Il y a, en France, 114 communes possédant
plus de 100 000 francs de revenus qui dé-
pensent chaque année près de 5 millions de
francs en secours donnés en travail, pour les
victimes du chômage (1).

Il résulte d'une enquête faite avec le plus
grand soin que la grande majorité de ces
ouvriers sont toujours les mêmes sans-travail,
domiciliés dans la commune, et se représentant
périodiquement, lors de l'ouverture des chan-
tiers.

Si les communes en question consacraient à
la création de jardins ouvriers la vingtième
partie de l'argent ainsi dépensé, elles pourraient
procurer une occupation permanente à toute
cette partie de leurs assistés et réduire ainsi
leurs dépenses de près de moitié, tout en donnant un secours plus efficace.

Seuls les exploiteurs de la charité publique,
les professionnels de la mendicité, réclameraient
contre une pareille transformation.

Et les bureaux de bienfaisance ! Combien
d'entre eux, spécialement dans les campagnes,
possèdent des terres qu'ils louent à bas prix à
des fermiers aisés, pour en distribuer ensuite le

(1) Enquête sur le chômage pendant les années 1890 à 1895,
faite par les soins de l'Office du travail.

M. J. de Crisenoy a publié une substantielle analyse de ce
document dans les *Annales des assemblées départementales*,
10ᵉ année, 1890, p. 175 à 182. 1 vol. in-8°, Paris, Berger-
Levrault et Cⁱᵉ, 1897.

prix en bons de pain ou de chauffage ? Combien augmenteraient-ils la valeur effective de leur secours en divisant ces terres par petits lots de 500 à 1 000 mètres carrés entre des familles nécessiteuses, pour en faire des jardins légumiers ?

Des particuliers charitables leur ont déjà suggéré ce qu'il y avait à faire sous ce rapport, et il est bon de faire connaître ces dispositions, qui trouveront peut-être des imitateurs sur d'autres points.

M. César Carpentier, rentier à Genech, près Saint-Pol (Nord), a légué au bureau de bienfaisance de sa commune, par un testament du 14 janvier 1892, 26 ares 72 centiares de terre pour être convertis en douze jardins qui doivent être attribués gratuitement aux douze pauvres les plus méritants de la commune. La sœur du donateur, Mlle Rosalie Carpentier, a doublé cette libéralité par semblable donation, aux mêmes conditions, et M. le Préfet du Nord a autorisé l'acceptation des deux legs, en 1893 (1).

M. Alexandre Huin, décédé à Bachy (Nord), le 29 décembre 1897, donne et lègue par son testament, déposé chez Me Dorchies, notaire à Templeuve, quatorze parcelles de terre, contenant ensemble plus d'un hectare, pour être remises gratuitement aux quatorze plus vieux pauvres des deux sexes de la commune de Bachy.

(1) *Bulletin de la Ligue française du coin de terre et du foyer*, n° 4, 1re année, p. 101.

A la mort de chaque titulaire, la parcelle sera réversible sur la tête d'un autre indigent âgé, à la seule condition qu'il s'engage à la cultiver (1).

Les jardins de Genech et de Bachy fonctionnent, sous le contrôle des bureaux de bienfaisance, à la satisfaction mutuelle des assistés et des administrateurs. Employer de la même manière des terrains donnés antérieurement sans condition, c'est le moyen de remplir le vœu le plus cher des bienfaiteurs, qui désiraient, avant tout, secourir de la façon la plus efficace les pauvres de leur commune.

III

Nous ne trouverons pas moins de variété dans la manière d'administrer les jardins que dans leur création.

Souvent une seule personne y suffit et sert à la fois de président, de trésorier, de secrétaire. L'exemple du R. P. Volpette nous montre que ce système a parfois du bon. Ailleurs on constitue un comité avec un bureau de cinq ou six personnes.

Pour nous, nous préférons ce dernier système, à la condition toutefois que tous les membres du bureau travailleront réellement et ne s'en remettront pas à un seul d'entre eux du soin de

(1) *A la voile !* revue mensuelle, 1re année, n° 2, 20 mai 1898, p. 23.

5.

diriger l'entreprise. Il y a, en général, utilité à
intéresser un certain nombre de personnes au
succès d'une œuvre charitable. Chacun travaille
à la faire connaître autour de soi, et lui apporte
son contingent de sympathies. En s'occupant
d'une œuvre en sous-ordre, on se prépare à jouer
plus tard un rôle plus personnel dans l'organisation de la charité. Les jeunes membres du groupe
de Saint-Brieuc se sont constitués en conférence
et visitent chacun trois des familles locataires (1).
A Nantes, on a constitué un comité de douze
personnes, en attribuant la moitié des places à
des ouvriers du quartier, non assistés, bien entendu. A Sedan, une dame du comité fait le caté-
chisme aux enfants que leurs parents veulent
bien lui confier. D'autres membres visitent ré-
gulièrement les jardins, donnent des conseils
aux cultivateurs embarrassés. Tout cela constitue un patronat fort utile, tend à rapprocher les
classes, à dissiper les préjugés : c'est donc
excellent.

Faut-il aller plus loin et solliciter le concours
de membres honoraires? Je n'y vois, pour ma
part, aucun inconvénient. Le membre honoraire
ne vaut pas le membre actif, qui donne son concours avec son argent ; mais il est quelquefois à

---

(1) Les membres du comité de Douai, qui sont tous des étu-
diants de la Faculté catholique de Lille, tiennent leurs réunions
en chemin de fer en se rendant au cours, « ce qui économise
notre temps », m'écrit l'un d'eux.

même de donner ce dernier un peu plus largement et de diminuer ainsi les préoccupations des
trésoriers. Il augmente le nombre des personnes
qui s'intéressent à l'œuvre et sont susceptibles
de la faire connaître.

A Sedan et à Saint-Étienne, on a constitué des
comités de dames patronnesses. Ce sont des
dames qui ont complètement créé l'œuvre de
Sedan, qualifiée quelquefois, pour ce motif,
d'œuvre féministe. Elle l'est encore en ce sens
que des terrains ont été concédés à des mères
de famille, qui ont parfaitement su en tirer parti.
Nous ne pouvons qu'applaudir à ces initiatives,
nous préférons la femme au grand air du jardin
plutôt que dans la promiscuité des ateliers.

Le personnel dirigeant une fois constitué, il
faudra le réunir pour voter le règlement de
l'œuvre. Le projet aura été préparé par le bureau.
Nous reproduisons en annexe plusieurs des
règlements en vigueur, ; il y en a de longs, comme
celui de Sedan, qui se compose de 56 articles ;
il y en a de courts, comme celui de Saint-Étienne,
qui n'en a que quatre. Ce dernier m'a toujours
particulièrement séduit, à cause de la part qu'il
fait aux intéressés dans la direction de l'œuvre.
Il y a là une excellente éducation pour des élec-
teurs français. Qu'on s'en félicite ou qu'on le
regrette, la constitution démocratique de notre
société est un fait acquis, et il faut vivre avec le
suffrage universel. Le plus sage est donc de

l'éclairer, d'en rendre l'application aussi judicieuse que possible, et le meilleur moyen c'est encore d'habituer les gens à raisonner sur leurs intérêts immédiats. En discutant les questions de clôtures et de barrières, nos amis les ouvriers-cultivateurs se prépareront au referendum communal, qu'il faudra bien établir quelque jour, et qui nous débarrassera de bien des utopies, dont le seul but est de duper l'électeur (1).

La société une fois constituée, on rencontre une première difficulté à résoudre, le choix du terrain. Il doit être de bonne qualité, et aussi rapproché que possible des habitations.

Ces deux considérations doivent primer celle du prix de location. On nous l'écrit du Puy : « Mieux vaut donner moins de terrain, mais le donner bon. Nos terrains voisins de la rivière coûtent trois fois plus que les autres : ils rapportent dix fois plus. »

Il faut aussi considérer la facilité d'accès. Le terrain doit sortir sur un chemin, pour éviter les réclamations des voisins d'un simple sentier, trop souvent fréquenté ; leurs récoltes souffrent

(1) D'intéressantes applications du referendum communal en matière administrative ont été faites en 1897 à Morlaix, Issoire, Thiers; en 1898, à Saint-Nazaire et Domfront.

M. Argellès a déposé à la Chambre, en novembre 1897, une proposition tendant à consacrer cette institution par addition d'un article à la loi municipale du 5 avril 1884. Un vœu favorable à l'adoption de cette mesure a été émis par le conseil général de la Seine, sur la proposition de M. Chassaigne-Goyon, dans sa séance du 24 novembre 1897.

inévitablement de ces passages multipliés.

Le meilleur moyen de prévenir les difficultés résultant de l'éloignement est d'avoir plusieurs pièces de terre, aux différentes sorties de la ville. C'est ce qu'on a fait à Orléans, à Reims, à Nancy, où l'œuvre se constitue en groupes paroissiaux. Généralement, les familles acceptent sans difficulté une distance qui n'excède pas un kilomètre. « C'est une promenade, » disait-on à l'organisateur des jardins de Valenciennes.

Comment devra-t-on passer le bail du terrain ?

Le plus souvent, les groupes de jardins ouvriers sont de simples associations charitables de fait, qui ne tombent pas sous le coup de la loi parce qu'elles comprennent moins de vingt personnes, mais n'ont aucune existence légale dans notre pays de France. Nos amis des États-Unis, d'Angleterre, de Suisse, de Belgique, sont plus heureux ; il leur suffit de faire une déclaration accompagnée du dépôt des statuts, pour qu'une œuvre acquière la personnalité civile (1).

Pour parer aux difficultés résultant de notre législation césarienne des associations, le plus simple est de faire le bail au nom de l'un des membres de l'œuvre. C'est ce qui a lieu à Ro-

(1) Voir, à ce sujet, une savante communication de M. Hubert-Valleroux au IIᵉ Congrès scientifique international des catholiques : *Les personnes morales sans but lucratif et leur capacité de posséder* (Paris, Alphonse Picard, 1891, gr. in-8°).

sendael, Douai, Albi, etc. On peut toujours choisir ce membre de manière à n'avoir aucune difficulté à redouter en cas de décès.

Il est parfaitement licite de constituer les groupes de jardins sous forme de sociétés civiles, dispensées de l'autorisation préalable. S'il s'agissait d'acquérir, par achat, don ou legs, un immeuble destiné à assurer la continuité de l'œuvre, on pourrait faire l'acquisition au nom de deux ou trois membres du bureau, sous forme de tontine, avec accroissement au profit des survivants en cas de décès de l'un des bénéficiaires.

Le terrain doit-il être concédé gratuitement, ou faut-il exiger une rémunération?

L'un et l'autre système sont pratiqués : la gratuité est plus fréquemment en vigueur (1), mais plusieurs œuvres importantes exigent une légère rémunération (2). Elles en donnent pour raison qu'on attache plus de prix à ce qui exige un sacrifice (3), que certains ouvriers qui rougiraient d'accepter une aumône, prennent volontiers un jardin en location.

Ce sont là matières libres, chaque œuvre fera

(1) La gratuité est complète à Douai, Gravelines, Boulogne-sur-Mer, Saint-Étienne, Mende, Le Puy, Albi, Saint-Brieuc, Nantes, etc.

(2) A Amiens on demande un prix de location de 0 fr. 75 par are; ce prix s'élève jusqu'à 2 francs à Beauvais. A Templeuve on paie 2 francs pour 175 mètres carrés.

(3) Voir plus haut, page 49, l'observation faite par les conférences de Westphalie.

son règlement suivant ses préférences. Peut-être même serait-il possible d'associer les deux idées. A côté de l'œuvre d'assistance qui consiste à procurer un jardin au pauvre, au lieu de secours en argent, on pourrait avoir un autre groupe de jardins destinés à être loués à des ouvriers aisés ou à de petits rentiers, fonctionnaires en retraite ou travailleurs retirés. Beaucoup de gens appartenant à ces diverses catégories seraient heureux de se procurer, pour un prix modéré, un coin de terre où ils pourraient occuper leurs loisirs ; ils le prendraient volontiers des mains d'une œuvre honorablement connue, qui leur éviterait toute relation avec des gens d'affaires et se chargerait de remplir les formalités. L'idée a été mise en avant au récent Congrès de Nancy, par une communication signée : Un ami de la Croix (1). Elle nous semble intéressante à faire connaître. Il y a là, pour une œuvre catholique, un moyen d'entrer en contact avec une couche supérieure des classes ouvrières, dans laquelle il est souvent difficile de faire pénétrer l'influence religieuse.

Mais, si l'on veut faire réussir cette tentative, il est essentiel de distinguer complètement les deux œuvres de jardins. Plus nous allons, plus l'ouvrier qui vit de son travail acquiert le senti-

---

(1) *Compte rendu du premier Congrès de l'Œuvre des jardins ouvriers* tenu à Nancy le 25 septembre 1898. — In-8°, 78 p. Nancy, Gérardin-Nicolle et Cⁱᵉ, 1898.

ment de sa respectabilité et de son indépendance. Il ne veut plus de patronage, de charité
plus ou moins déguisée ; il entend traiter d'égal
à égal avec son patron ou tout autre bourgeois,
faire une affaire, avantageuse peut-être, mais qui
ne sera pas un cadeau. L'évolution que nous
signalerons plus loin dans les œuvres patronales est la preuve manifeste de ce fait social.

Si donc l'OEuvre des jardins désire attirer à
elle cette catégorie supérieure de la classe ouvrière, elle devra distinguer complètement les
jardins payants des jardins gratuits. Il ne suffi-
rait pas de s'abstenir de les mélanger dans un
même enclos, il faudra que les uns soient assez
éloignés des autres pour que personne ne puisse s'y
tromper et confondre un locataire avec un assisté.

Comme transition entre la gratuité et le paiement, on peut signaler l'ingénieuse combinaison
adoptée par l'œuvre de Reims. La première année,
elle donne gratuitement terrain, fumier et
graines. La seconde année, le secours se restreint
au terrain et au fumier ; la troisième et la quatrième, au terrain seul. Après la quatrième
année, le preneur ne pourra conserver son terrain qu'en payant un loyer annuel de 10 francs.
Il y a là une tentative de relèvement progressif
de l'effort qui est à retenir (1).

_____

(1) En outre, le bénéficiaire du jardin doit renoncer dès la
seconde année à recevoir des secours réguliers du bureau de
bienfaisance ou de la conférence de Saint-Vincent-de-Paul.

La plupart des œuvres donnent les graines et l'engrais pour la première année. A Rosendael, cependant, on est opposé à cette pratique. « Nous vous donnons du terrain, c'est à vous de faire le reste, débrouillez-vous! » Tel est le langage tenu à ses assistés par le fondateur de l'œuvre (1).

A Amiens, l'œuvre achète en gros les graines et les engrais, et les cède à prix coûtant aux intéressés.

Il est trois points essentiels sur lesquels tout règlement doit se prononcer catégoriquement : le repos du dimanche, les conditions auxquelles les terrains pourront être repris, les avantages faits aux familles nombreuses.

La question du dimanche est une de celles qui a soulevé les plus vives discussions. Elle est bien simple pour les œuvres à caractère religieux : le repos dominical est d'institution divine, le premier devoir d'un comité catholique est de faire observer les commandements. C'est ce qui se passe à Saint-Étienne, à Rosendael, à Montreuil, à Boulogne, à Poitiers, dans l'immense majorité des groupes de jardins ; c'est un fait acquis, il n'y a plus de réclamations au bout de quelques mois. Il n'y a qu'un seul cas où une dérogation pourrait être admise, c'est lorsque l'intéressé apporte une autorisation écrite de son curé. Les membres d'un comité n'ont pas à se faire juges

(1) En fait, l'interdiction n'est pas toujours aussi absolue. Mais M. le Dr Lancry tieut à maintenir le principe, nous écrit-il.

d'une exception consentie par l'autorité compétente dans la plénitude de sa juridiction ; le fait
seul d'avoir amené le bénéficiaire à entrer en
relations avec son curé nous semble présenter
de très grands avantages (1).

Dans les œuvres de mutualité, ou dans celles
qui font payer une location, la question est plus
délicate. Celui qui paie réclame sa liberté. Cependant, nous dit-on, le repos dominical est
généralement observé ; au plus fera-t-on le matin
un nettoyage sommaire des allées, durant une
heure ou deux. L'après-midi est consacrée au
repos, à la promenade en famille, souvent ter-
minée par un repas en plein air, dans le jardin.

Tout en regrettant ces infractions à une règle
divine, pourquoi en rendre responsable le jardin
plus que toute autre occupation? Pourquoi dire,
comme je l'ai entendu : « Les jardins constituent
un encouragement à la reprise du travail du
dimanche » ? Du moment où l'exemple de Saint-
Étienne et de bien d'autres villes prouve qu'on
peut avoir des jardins prospères sans travailler
le dimanche, on ne saurait mettre à la charge du
principe de l'œuvre les violations qui se pro-
duisent. La femme qui ramasse ses légumes le

(1) Les ecclésiastiques sont souvent moins absolus que les
laïques sur ce point. Nous avons été très frappés, au cours de
notre enquête, de l'opinion émise par deux curés doyens, fondateurs d'œuvres de jardin, disant que « l'interdiction absolue
n'est pas théologique, dans l'espèce ». Nous rapportons les
termes employés, sans nous permettre d'émettre une opinion
en pareille matière.

dimanche laverait aussi bien son linge, ou travaillerait à l'aiguille. Pénétrez-la de l'utilité, de la nécessité du repos dominical, elle saura l'observer au jardin, aussi bien qu'à la maison. C'est là une question d'ordre général qui n'a rien de spécial à la possession d'un coin de terre.

Ajoutons que la diminution générale des heures de travail tend à faciliter la solution de la question du dimanche. Du moment où l'ouvrier ne sera plus retenu à l'usine ou à l'atelier que huit à dix heures par jour, au lieu de douze à quatorze, rien ne l'empêchera de donner à son jardin ses instants de liberté, matin et soir. On a souvent exprimé la crainte de voir ces heures de liberté se passer surtout au cabaret, au double détriment de la santé et de la bourse ; avec le jardin, elles s'emploieront au grand air, à un travail sain et rémunérateur, pour le plus grand bien de l'individu et de la famille.

Il arrive souvent, surtout dans les villes, que les propriétaires consentent à céder à bas prix des terrains achetés par spéculation, sous condition d'un délaissement immédiat en cas de vente.

Il est tout naturel que la Société qui crée un groupe de jardins doit céder son terrain aux conditions auxquelles elle le reçoit. L'important est de bien préciser cette condition de manière à ce que l'ouvrier ne s'étonne pas si on lui reprend, avant la récolte, le terrain qu'il s'est donné la peine de cultiver.

Plusieurs œuvres accordent, dans ce cas, une indemnité représentant le travail exécuté en pure perte (1), et s'empressent de procurer un autre champ. Quelles que soient ces conditions, il est bon de les consigner par écrit, pour éviter tout malentendu.

Nous donnons en annexe plusieurs modèles d'engagement adoptés par les fondateurs de divers groupes de jardins; ils nous semblent de nature à prévenir toute difficulté (2).

Un certain nombre de règlements se préoccupent de procurer des avantages aux familles nombreuses. A Sedan, nous savons que la contenance des terrains alloués augmente avec le nombre des personnes composant la famille. A Besançon, le bureau de bienfaisance concède une double part à toute famille ayant au moins cinq enfants. A Magny-en-Vexin, on n'accorde de jardins qu'aux familles ayant quatre enfants âgés de moins de douze ans. A Amiens, où on demande aux preneurs une légère redevance, on en fait remise à ceux qui ont sept enfants vivants. Ce sont là d'excellentes mesures, qui devraient être imitées partout. C'est un moyen de venir en aide aux chefs de familles nombreuses et, par suite, de réagir contre cet arrêt

(1) A Poitiers, par exemple, l'indemnité varie de 5 à 15 francs suivant l'époque de l'année où aurait lieu le retrait.

(2) Annexes IV, V et VI, formules d'engagement en usage dans les OEuvres de jardins ouvriers de Nantes, Saint-Omer et Poitiers.

de l'accroissement de la population, qui ne se borne pas à compromettre notre prospérité nationale, mais qui est une honte pour notre pays, car c'est l'aveu du développement des sentiments d'égoïsme, du besoin de jouissances, de l'horreur des privations, malheureuses conséquences de l'affaiblissement des convictions chrétiennes (1).

Ailleurs, on est allé plus loin encore : on a voulu faciliter au cultivateur l'acquisition de sa terre. A Saint-Ricquier, par exemple, M. l'abbé Garet a pu acheter 2 hectares de terres marneuses, alors en friche, aujourd'hui converties en belles plantations de pommes de terre. Il a demandé aux preneurs une légère redevance, en stipulant que, au bout d'un certain nombre d'années de paiement régulier, chacun deviendrait propriétaire de sa portion.

Nous expliquerons plus loin (chapitre v) comment nous voyons là le meilleur moyen d'arriver à la solution de la question du logement ouvrier.

L'œuvre de Sedan a inauguré une création qui lui est propre, celle d'un *champ d'expérience*, dont le but est de faire des recherches sur les qualités de légumes les plus savoureuses et les plus productives. Le champ de Sedan n'a que

(1) Le congrès qui a eu lieu à Nancy, le 25 septembre 1898, a étudié un règlement type, et y a introduit une clause attribuant une quantité de terrain supplémentaire aux jardiniers suivant le nombre de leurs enfants.

16 ares de superficie, et cependant il a déjà suffi à Mme Hervieu pour réimplanter à Sedan la culture de l'œillette. « Connaissez-vous cette plante ? disait-elle au docteur Lancry en lui faisant visiter son champ de Torcy, le 5 septembre 1897. — Parbleu ! ce sont des œillettes. Autrefois, elles faisaient la richesse des cultivateurs de mon pays d'Artois, aujourd'hui elles ont disparu sous l'invasion des plantes oléagineuses étrangères et l'influence des grandes fabriques d'huiles. — C'est exactement comme chez nous. Or, je veux que nos familles aient *leur* huile pour assaisonner leur salade ; elles cultiveront des œillettes et je ferai *tordre* les graines par un petit moulin. — Tous mes compliments ! — Et, par la suite, j'arriverai à implanter les œillettes dans le pays. » « Je regardai mon interlocutrice, ajoute le visiteur, pour savoir si elle mesurait bien toute l'importance de la promesse qu'elle se faisait : elle avait le regard assuré des personnes qui ont la foi ardente, et par conséquent calme : elle me la communiqua (1). »

A Amiens, on accorde des primes aux jardins les mieux tenus, à l'exemple de ce que faisait jadis la conférence de Valognes. Il en est de même au Puy, où les primes sont décernées par le vote des concessionnaires.

A Dijon, l'œuvre créée par l'abbé Perrenet,

(1) *Une visite aux Jardins ouvriers de Sedan*, par le Dr Lancry (*la Démocratie chrétienne*, octobre 1897, p. 364).

'c?ire de Saint-Jean, tient une séance publique
et remet des diplômes aux meilleurs jardiniers.
Les divers moyens d'éveiller l'émulation, tout en
réunissant les adhérents en présence d'un public
nombreux, peuvent donner les meilleurs résultats. Il est toujours excellent de réveiller ou
d'entretenir le sentiment du respect de soi-même
chez les assistés. Peut-être même verrons-nous
quelque jour fonder entre les participants d'une
œuvre de jardins ouvriers, une association ami-
cale analogue à celle qui existe depuis trois ans
à Chicago, sous le nom de *People's Friendly
Club*. Les tenanciers de jardins et leurs amis se
réunissent tous les samedis ; la soirée est remplie
par un programme dont les associés sont les
auteurs et les acteurs, et dont le dernier numéro
est uniformément un rapport sur une question
sociale, suivi d'une rapide discussion. Ces
réunions sont suivies avec empressement et la
tenue des auditeurs est parfaite, bien que le plus
grand nombre figurât, quelques semaines aupa-
ravant, sur les listes des bureaux de bienfaisance.

A Valenciennes, les Terrianistes inaugurèrent
jadis une forme originale d'assistance : l'*assistance par les petits porcs*. On confie un jeune
élève à une famille qui détient un jardin et,
quand l'enfant est devenu grand, un jambon du
porc abattu rembourse l'avance reçue. Ce même
genre de secours a été adopté récemment par
les promoteurs de l'œuvre fondée à Vasles

(Deux-Sèvres). On pourrait multiplier indéfini-
ment ces exemples, car tous les genres de secours
peuvent se greffer sur une œuvre de jardins.

Mais, quel que soit le programme adopté, il
est une recommandation essentielle que nous
tenons à faire en terminant à tous les directeurs
de groupes : tenez exactement vos écritures.
Une œuvre n'a point besoin d'être riche pour
prospérer ; souvent, celles qui sont en déficit
arrivent aux plus beaux résultats, grâce à l'ingé-
niosité déployée pour se créer des ressources.
L'essentiel est de savoir *qu'on est* en déficit ; il
ne faut pas se payer d'illusions, croire qu'on a
des produits superbes, quand on ne peut joindre
les deux bouts. Pour éviter les déceptions qui
rejaillissent sur la réputation de l'œuvre, il n'est
rien de tel qu'un livre de caisse exactement tenu.
Que toute dépense ou recette soit exactement
notée, si minime soit-elle ; la contemplation de
ces colonnes de chiffres suggérera souvent des
réflexions salutaires. Il n'est pas de meilleure
lecture pour apprendre à ménager les ressources,
en évitant toute dépense inutile (1).

(1) A titre de renseignement, nous donnons en annexe le
spécimen des feuilles tenues par chaque tenancier des jardins
de Philadelphie.
En France, plusieurs œuvres demandent à leurs preneurs
de tenir un compte exact du produit de leurs cultures. Mais
les décisions en ce sens sont récentes, pour la plupart, et nous
n'avons pu obtenir encore que peu de chiffres précis, au cours
de notre enquête.

CHAPITRE IV

RÉSULTATS DE L'ŒUVRE DES JARDINS

Si le lecteur a bien voulu suivre attentivement les détails donnés dans les précédents chapitres, il doit lui être facile de comprendre maintenant l'organisation d'un groupe de jardins ouvriers.

Au sortir de la ville, après les dernières maisons du faubourg, vous rencontrez une pièce de terre, découpée en carrés réguliers par des treillages ou des fils de fer. Les arbres sont rares, sinon absents, car ils tiendraient trop de place. De petites guérites barbouillées de goudron ou de coaltar renferment les outils de jardinage. Quelquefois, une seconde baraque plus basse abrite des lapins, future gibelotte pour les grands

jours. La terre est complètement cultivée, les allées étroites semblent laissées à regret! Un grand carré est occupé par les pommes de terre, la principale récolte ; puis viennent les choux, les carottes, la salade. Enfin, de tout petits espaces sont consacrés aux pois, aux fèves, aux fraises, aux primeurs qui se vendent au marché.

Quelle que soit l'heure, il est bien rare que vous ne voyiez pas quelqu'un dans ces jardins, ne serait-ce qu'une ménagère occupée à trier ses légumes ou à sarcler les plates-bandes. Mais c'est surtout vers le soir que la vie y devient active. Un peu après quatre heures arrivent les enfants, au sortir de l'école, courant, essoufflés, tout en mordant un morceau de pain. Plus tard, d'un pas plus lent, ce sera le père, fatigué par dix ou onze heures d'atelier. Il n'en prend pas moins la bêche : il a un ou deux sillons à préparer, quelques graines à semer. Et la nuit tombera déjà quand toute la famille reprendra le chemin du logis, l'aîné des fils portant sur l'épaule la botte de légumes préparée par la mère et qui constitue la réserve pour le repas du lendemain.

I

Cette botte, c'est le produit matériel du champ.

Quand le bureau de bienfaisance, ou la confé-

rence, donne à une famille assistée un secours
de 5 francs, en argent ou en bons, il entre au
foyer pour 5 francs de bien-être, en admettant
encore qu'aucune parcelle n'en soit mal em-
ployée. Quand ce sacrifice de 5 francs est dé-
boursé par la charité sous forme d'assistance
par le travail, le bénéficiaire encaisse environ
10 francs (1). Quand il est fait sous forme de
prêt de terre, le bien produit par ces 5 francs
déboursés représente de 30 à 50 francs. Songez
au prix que paient les pauvres, quand ils achè-
tent de troisième main les légumes avariés des
marchandes au détail ! Ce n'est pas, en effet, au
prix de vente possible qu'il faut calculer le rendement du jardin, c'est au p 'x d'achat des con-
sommations qu'il fournit. C'est là la véritable
mesure du profit retiré par la famille.

Il serait intéressant de pouvoir préciser l'importance de ce profit ; la détermination d'un
chiffre moyen était un des buts de l'enquête entreprise par nous près de toutes les œuvres existantes. Les résultats qui nous ont été accusés ne
sont pas assez précis pour que nous puissions
nous prononcer. Il est évident qu'ils devaient
varier suivant l'importance des villes voisines et
l'habileté professionnelle des jardiniers (2).

(1) Une enquête faite par une des principales œuvres d'assistance par le travail de Paris a prouvé que, sur une somme
de 2 francs encaissée par un assisté, le travail produit 0 fr. 90
et la charité fournit 1 fr. 10 (J. Mazodier, conférence citée).
(2) Sur certains points, par exemple, on cultive des petits

Certains de nos correspondants ont pris pour base les prix de vente au marché, tandis que d'autres ont préféré calculer sur le prix d'achat, avec raison, suivant nous. C'est ainsi que le R. P. Volpette nous semble avoir triomphé trop facilement en comparant les résultats de Saint-Étienne à ceux de New-York (1), parce que les produits de cette dernière ville sont calculés sur les cours de la halle en gros. Enfin, certains résultats accusés sont tellement exceptionnels (ils vont jusqu'à 200 et 250 francs par 4 ares), qu'ils eussent demandé à être appuyés par des chiffres précis.

En moyenne, on peut affirmer, croyons-nous, qu'un jardin de 4 ares, mis entre les mains d'un ouvrier ordinaire, travailleur, sans être un jardinier professionnel, rapportera de 60 à 75 francs. C'est le chiffre accusé par un grand nombre de nos correspondants (2). Un très bon cultivateur atteindra 100 à 120 francs (3).

---

pois qui se vendent en primeur à un prix élevé sur les marchés des grandes villes. Le produit du champ en est sensiblement relevé. Ailleurs, on cultive les fleurs pour la vente de couronnes ou bouquets.

(1) *L'Œuvre des jardins ouvriers à Saint-Étienne*, par le R. P. Piolet, p. 136-137.

(2) Amiens, Gravelines, Rosendael, Reims.

Nantes accuse un produit de 87 francs, en y comprenant 13 francs de fruits provenant d'espaliers existant antérieurement dans le jardin.

(3) Par exemple, Mme Douffet-Dujardin, de Torcy-Sedan, qui a fourni à M. le Dr Lancry une statistique très bien tenue du produit de 28 verges (11 ares 20 c.). Ce produit atteint 239 francs (*Démocratie chrétienne*, octobre 1897, p. 362).

Ce dernier produit sera difficilement dépassé.

Si nous rapprochons ce chiffre de celui des frais de l'œuvre, nous constatons que la dépense faite est au moins quintuplée, et peut arriver à être décuplée, grâce à un travail qui est exécuté à temps perdu et n'impose, par suite, aucun sacrifice à celui qui l'accomplit.

II

Mais ce produit matériel n'est que la moindre partie du bénéfice donné par le jardin.

Pour l'obtenir, il a fallu faire un effort, secouer l'engourdissement qu'amène la misère. L'émulation se produit bien vite entre voisins : on veut d'abord avoir des légumes aussi beaux que les autres, puis on veut avoir les plus beaux. Et ce sentiment d'amour-propre dépasse bientôt les petites barrières à claire-voie pour transformer la vie tout entière.

La famille est reconstituée. Nous voyions tout à l'heure l'enfant travailler auprès de son père, recevoir ses conseils, s'habituer à les solliciter, quand il est dans l'embarras, et apprendre ainsi le respect.

La mère de famille, retenue à la maison par les soins du ménage et les enfants en bas âge, trouve au jardin un emploi de ses heures libres plus rémunérateur que le travail à l'aiguille (1).

(1) Le Play a déjà établi ce point important; voir *Organisation de la famille*, 4e éd., p. 181-185, ou 6e éd., p. 170.

Souvent elles se font remarquer par leur amour et leur entente du jardinage (1). Nous avons cité plus haut l'exemple de Mme Douffet qui, tout en remplissant tous ses devoirs de mère d'une famille nombreuse, trouve moyen de cultiver seule le champ d'expérience de Sedan, et de lui faire produire un revenu exceptionnel (2).

Mais c'est surtout au vieillard que le jardin rend un inappréciable service. On sait combien est souvent triste la situation du vieux père au foyer de ses enfants, où il vient prendre une part d'une ration quotidienne déjà trop maigre. Grâce au jardin, ce vieux n'est plus inutile; il peut s'employer au labour, à l'arrosage, il devient bientôt le chef de culture, il fait tout l'ouvrage, pendant que son fils ou son gendre sont à l'atelier. Et, du même coup, il reconquiert une situation respectée, il cesse d'être une charge inutile pour devenir un producteur de bien-être pour toute la famille.

Depuis quelques années, l'industrie a une ten-

(1) Nous empruntons cette phrase à notre correspondant de Saint-Omer, M. Albert de Monnecove.

(2) Les éducateurs ont signalé depuis longtemps l'heureuse influence de la culture de la terre sur le développement moral de la jeune fille. Le refuge de Darnetal, près Rouen, fondé par l'abbé Podevin, est une école maraîchère; le refuge de Notre-Dame d'Anglet, près Biarritz, fondé par l'abbé Cestac, est une vaste ferme cultivée par des femmes. Des deux côtés, des jeunes filles perdues par la ville sont sauvées par l'éducation au grand air, le travail des champs, la rectitude de la vie morale et physique (Cf. Dr Thulié, *Criminalité infantile*, Revue philanthropique, n° 15, juillet 1898).

dance à avancer de plus en plus l'âge auquel
l'ouvrier doit laisser l'atelier. Les lois récentes
sur les accidents ont eu, à ce point de vue, une
répercussion dont leurs auteurs ne se sont peut-
être pas rendu suffisamment compte. Le patron,
qui suppute les responsabilités, préfère l'ouvrier
célibataire à l'ouvrier chargé de famille, le jeune
homme au vieillard. Dès que la main paraît
susceptible de trembler, ou que l'œil est devenu
moins vif, le contremaître refuse l'embau-
chage. « Vous êtes trop vieux! » dit-on maintenant à des hommes de cinquante à cinquante-
deux ans.

« Comment donc faire pour vivre? » disent
ces malheureux, encore valides, pourtant, et
susceptibles de produire un bon travail.

Le jardin ouvrier permettra désormais de
leur donner une réponse satisfaisante; il fournira
une occupation à l'homme que l'atelier refuse.

Il fournira aussi une occupation aux victimes momentanées du chômage ou de la
grève.

Jadis, en France, nous possédions le petit atelier de famille; on pouvait entendre dans nos
villages, comme aujourd'hui dans certains can-
tons suisses, le grincement du métier retentir au
sous-sol d'une maison isolée au milieu d'un jardin, tapissée de fleurs, baignée de soleil.

Le développement de la grande industrie, en

concentrant les ouvriers à portée des machines,
les a violemment séparés de la terre, qui leur
fournissait, avec une partie de leurs moyens
d'existence, une sorte d'occupation de réserve
pour les moments de chômage (1).

Les jardins ouvriers tendent à renouer ces
relations brisées, ils rétablissent le contact mal-
heureusement interrompu entre l'ouvrier et la
grande mère nourricière. Le père de famille retrouve l'espoir de posséder un jardin, un coin de
terre à lui, sur lequel il pourra avoir une maison
à lui. Il reprend racine, pour ainsi dire, il ne
songe plus à émigrer à la moindre nouvelle
d'une augmentation de salaire. Les engagements
recouvrent leur fixité d'autrefois, le patron peut
compter sur des concours qui devenaient de
plus en plus incertains.

La vie ouvrière, mieux assurée, prend exté-
rieurement quelque chose de plus décent ; les
enfants sont plus propres, les femmes mieux
attachées dans leurs vêtements. A ce point de
vue, grande est l'influence des fleurs que j'ai
regretté souvent de ne pas voir plus nombreuses
dans les petits jardins. Ne croyez pas que le terrain qu'elles occupent soit un terrain perdu :
j'ai déjà indiqué que, dans certaines villes, elles

----

(1) Voir dans Le Play, *Ouvriers européens*, 2ᵉ édit., t. II,
ch. II à v, t. III, ch. I et II, t. IV, ch. VII, les monographies de
diverses familles ouvrières alliant le travail de la terre au
travail industriel.

donnent un excellent produit. Mais elles rendent
un service bien plus grand encore en embellis-
sant l'intérieur. « La maison embellie et parée,
c'est la vie ennoblie et épurée, » a-t-on dit avec
raison. Aussi verrions-nous avec bonheur se
créer en France des sociétés analogues aux *Flo-
ralia* des Pays-Bas, établies dans le but d'encourager les ouvriers à embellir leur maison en l'ornant
de fleurs. Elles distribuent à leurs   .embres des
bouquets et des graines, et elles organisent des
expositions dans lesquelles ces jardiniers béné-
voles voient leurs efforts récompensés par des
médailles (1).

Souvent ces récompenses suffisent pour inspi-
rer aux bénéficiaires un goût durable pour le
jardinage. Même s'ils travaillent à une industrie
urbaine, les enfants voudront plus tard avoir
leur jardin ; ils habiteront dans les faubourgs ou
à la campagne, au lieu de s'entasser, eux et les
leurs, dans les appartements sans jour et sans
air du centre de la ville (2).

Et, en même temps, le travail de la terre
développe les habitudes de prévoyance et
d'épargne. Pourquoi le cultivateur, avec un gain

(1) Dr Delvaille, *Compte rendu d'une mission en Hollande*, 1895.
(2) C'est là une opinion émise par M. l'abbé François, vicaire à Templeuve (Nord), un des premiers et des plus vail-
lants ouvriers de l'Œuvre. Après l'avoir créée à Templeuve,
il l'a étendue à un patronage de jeunes gens ; il constate que
tous s'attachent à leurs jardins et prennent le goût de l'horti-
culture.

moindre, est-il plus économe que l'ouvrier de
fabrique ? Parce que, au lieu d'avoir un salaire
quotidien, il attend toujours son existence d'un
avenir incertain : quand il sème, il sait qu'il devra
attendre six mois avant de récolter. Il a cons-
tamment les yeux fixés sur le lendemain ; à
peine la récolte enlevée, avant même d'en avoir
touché le prix, il pense déjà à préparer la terre
pour les semailles futures (1).

A cette raison d'ordre général, vient s'en ajou-
ter une autre, spéciale à notre locataire de
jardins. Tout lui manque, au début, pour mettre
sa terre en état ; il commence à économiser pour
se procurer des graines, puis pour acheter des
outils. Plus tard, on nous l'a dit à Saint-Étienne,
il voudra avoir une tonnelle, où l'on puisse
s'installer le soir pour souper en famille des
légumes du jardin. Plus tard encore, il rêvera
d'une maison, toute petite, bien simple, mais
qui lui appartiendra, pour laquelle on n'aura
plus à se préoccuper du terme.

C'est le rêve de Perrette, et, pour beaucoup,
c'est un rêve réalisé, parce que le temps a con-
solidé un premier résultat avant qu'on entreprît
autre chose, parce que chaque étape a été le
produit d'un long effort (2).

(1) Jean Mazodier, conférence citée.
(2) « Si on savait qu'on pourrait bâtir et avoir sa maison à
soi, c'est alors qu'on aurait du cœur à l'ouvrage et qu'on
mangerait du pain sec ! » disait récemment un ouvrier de Valenciennes à M. l'abbé Thellier de Poncheville.

Et, en même temps, disparaissent les causes d'abaissement matériel et moral de l'ouvrier.

Ses ressources sont limitées ; s'il veut économiser, il n'a pas beaucoup de dépenses compressibles à sa disposition, il devra renoncer au cabaret. Il cessera de s'empoisonner lentement et gardera pour ses achats de graines ou d'outils l'argent qu'il donnait au débitant.

Pourquoi d'ailleurs l'ouvrier prend-il le plus souvent l'habitude du cabaret ?

Parce que, au sortir de l'atelier, il trouve, en rentrant chez lui, une chambre unique, surchauffée, à l'air épais, où les enfants crient, où la mère se fâche... Mais au jardin, il y a place pour tous. Chacun s'occupe, on utilise les derniers moments du jour, on remplit sa poitrine d'air pur qui chasse l'air vicié de l'atelier, et on va se coucher lassé, pour dormir d'un bon sommeil, sans cauchemar, sans pensées de haine.

Car il suffit de mettre l'ouvrier en possession directe du produit de la terre pour le guérir des théories collectivistes. Le R. P. Roure (1) raconte à ce sujet une anecdote typique. Un ouvrier socialiste de Saint-Étienne sollicite du R. P. Volpette un carré de jardin. Après lui avoir énuméré les quatre articles de son règlement, le Père lui dit: « Acceptez-vous cela ? — Parfaitement ; mais, vous savez, je ne veux pas aller à la messe, moi...

_____
(1) *Les Études*, art. cit. — Le R. P. Piolet a reproduit ce récit, p. 78.

—Je ne vous demande pas d'aller à la messe. Acceptez-vous mes quatre articles?— Oui. —Eh bien ! vous pouvez vous rendre à tel champ et prendre possession du lot numéro tant. » Notre homme prit goût à son jardin, travailla tôt ou tard, nettoya la terre avec soin. Au printemps, il avait les plus beaux légumes de tout l'enclos. Le Père, passant un jour par là, le voit suer, la tête penchée sur ses sillons, et l'interpelle. « Eh bien ! Père un tel, vous avez de belles pommes de terre. C'est cela qui va arranger la moyenne ! — Quoi ! quelle moyenne? reprend l'ouvrier, en se redressant, interloqué. — Mais vous savez bien : quand la Saint-Jean va venir, on arrachera toutes les pommes de terre, on en fera un gros lot dans ce carré vide, et chacun viendra recevoir sa provision, un baquet par tête composant chaque famille... — Ah ! çà, mon Père, vous moquez-vous de moi? Vous croyez que j'ai trimé depuis six mois pour donner mes pommes de terre à ceux qui ont cinq ou six enfants et n'ont rien fait? Elles sont à moi, mes pommes de terre ; je veux les manger ou les vendre; gare à qui y touchera !... »

Il avait suffi à ce collectiviste de mettre la main à la terre pour sentir la vanité de ses théories. C'est ce qu'exprimait un jour, sous une forme populaire, un autre socialiste, en disant : « Nous sommes volés par les cléricaux. Ils ont trouvé le meilleur moyen d'empêcher notre poussée ! »

III

Et cependant, les objections n'ont pas manqué à cette œuvre si utile. Chemin faisant, nous avons déjà répondu à quelques-unes. Examinons encore ici celles qui se répètent le plus souvent.

On a dit d'abord : « L'ouvrier est trop occupé. Comment voulez-vous qu'un homme qui donne dix et onze heures de travail à l'usine puisse ensuite labourer et cultiver son jardin ! » A cela, je répondrai que, si j'ai réussi à faire comprendre comment les choses se passent, le lecteur aura vu que la femme, les enfants, les vieux parents, s'occupent du jardin autant et plus que le père de famille. Et, pour celui-ci, il ne faudrait pas savoir quel stimulant incomparable est l'intérêt direct et personnel pour douter un instant que, même après de longues heures d'atelier, ce sera pour l'ouvrier un bonheur et un repos de labourer un petit carré, de semer quelques graines achetées au prix d'économies toujours difficiles, dût-il pour cela prolonger son travail jusqu'au moment où la nuit close lui fera enfin tomber l'outil des mains.

On a dit encore : « L'ouvrier ne comprendra pas la ressource que vous lui offrez, il ne verra là qu'un surcroît de travail et ne viendra pas à vous. » Cette fois, les faits se chargent de répondre. Partout où on crée des jardins, le nombre des demandes dépasse celui des parts à répartir. Écoutez les fondateurs des jardins de Bruxelles :

7

« Cette œuvre fait vraiment le bonheur de la classe ouvrière, partout c'est son élite qui vient à nous. Quoi d'étonnant, d'ailleurs : Ce n'est pas une aumône que l'on fait à l'ouvrier en lui donnant de la terre, c'est un crédit qu'on lui ouvre. Et le crédit que le banquier ouvre au bourgeois n'est pas différent : il tend au même but et rend le même service (1). » Et l'auteur que nous citons dépeint les réceptions enthousiastes faites par les familles ouvrières au vénérable abbé Gruel, quand il arrivait rue de Pavie ou boulevard Clovis !

A Saint-Omer, les bénéficiaires de l'Œuvre s'en sont fait spontanément les propagateurs et ont donné à d'autres le désir d'être admis à jouir des mêmes avantages (2).

On a dit enfin : « C'est une œuvre bonne pour les campagnes ou les petites villes. Vous ne pourrez pas l'acclimater dans les grandes agglomérations où le terrain est trop cher. » L'exemple de Bruxelles, avec ses cinq cent mille habitants, constitue déjà une réponse topique. Dans toutes les villes importantes, il y a des terrains à bâtir, achetés en vue de la vente future, et dont la valeur locative est à peu près nulle. Le prix moyen de location payé à Bruxelles est de 0 fr. 114 le mètre carré, ce qui n'a rien d'excessif. Les propriétaires louent volontiers des terrains

(1) J. Goemaere, Rapport sur le premier exercice de la *Ligue belge du coin de terre et du foyer* (1896-1897), p. 8.
(2) Lettre de M. Albert de Monnecove.

qu'on leur laisse la faculté de reprendre immédiatement, en cas de vente ; la vue des carrés de légumes bien labourés tente davantage l'acheteur que ces amas de gravats et de détritus qui s'accumulent habituellement derrière les palissades. A Paris même, il y a encore bien des hectares de terrains vacants dans les arrondissements de la périphérie, ceux qu'habite surtout la classe des travailleurs manuels (1). Et, au sortir des portes de la ville, quelle belle série de jardins ferait cette zone aride et stérile des terrains militaires, si on pouvait jamais vaincre la rigidité des règlements du génie ? En passant par là, il y a quelques jours, en voyant par l'imagination une suite de jardinets semblables à ceux de Sedan ou de Saint-Étienne, je retrouvais au fond de ma mémoire cette belle pensée du R. P. Roure : « Si on créait autour de nos centres industriels ces champs ouvriers, ce serait la ligne de circonvallation de la bienfaisance contre la misère et le socialisme (2). »

(1) Au moment où paraît ce volume, deux groupes de jardins sont en formation dans des faubourgs de Paris, sur l'initiative de deux présidents de conférences de Saint-Vincent-de-Paul.

(2) Les Études religieuses du 15 octobre 1890.

M. Charousset a exprimé les mêmes idées dans un article excellent de la Chronique du Sud-Est. « Le but de la Ligue du coin de terre et du foyer est de restaurer, par la propagande et par les œuvres, la vraie notion de la propriété... et de faciliter son acquisition. La Ligue se met aux antipodes du collectivisme ; elle tire l'homme du prolétariat par la propriété, qui assure la liberté humaine et la liberté familiale. »

CHAPITRE V

VUES D'AVENIR

Les pensées de derrière la tête des fondateurs de jardins
ouvriers. — Les 24 ares incessibles et insaisissables. — Les
baux emphytéotiques. — Les mutuelles pour constituer des
dots ou garantir du chômage. — Les constructions de maisons ouvrières. — Conditions nécessaires pour construire.
— Danger de la construction sur un terrain dont on n'est
pas propriétaire ? — Qui construira ? — Extension de l'action morale et sociale à une nouvelle catégorie d'ouvriers.

L'Œuvre des Jardins ouvriers offre cette particularité qu'elle n'est pour aucun de ses propagateurs un but définitif, une œuvre en soi,
remplissant complètement leurs visées. Aux
yeux de chacun d'eux, ce n'est qu'un commen-
cement, une assise solide sur laquelle on édifiera plus tard une construction plus importante.

Pour M. l'abbé Lemire, ce complément sera
le coin de terre de 24 ares incessible, insaisissable et affranchi d'impôt, dans lequel il voit la
forme française du *homestead* américain, et
dont il a fait l'objet d'une proposition à la
Chambre des députés, il y a déjà quatre ans.
M. l'abbé Gruel veut assurer, à la longue, la

propriété de la terre au preneur qui édifiera une maison dans les conditions de la loi sur les habitations ouvrières. M. le Dr Lancry cherche à arriver à la liberté testamentaire par l'usage des baux emphytéotiques que le père de famille pourrait transmettre à l'un de ses enfants, évitant ainsi la licitation de l'immeuble construit sur le terrain loué. Quant à Mme Hervieu, son but est la constitution d'une dot pour tous les enfants, grâce à une vaste société mutuelle terrienne, englobant les enfants riches comme membres honoraires et les pauvres comme bénéficiaires. Enfin le R. P. Volpette veut faire de s.s jardins le centre d'un ensemble complet d'œuvres ouvrières, que couronnerait une caisse de retraites pour la vieillesse, fonctionnant librement, sans immixtion de l'État.

Les limites fixées à ce travail nous empêchent d'entrer dans le détail de ces divers systèmes, comme nous aurions aimé à le faire. Leurs auteurs ont, du reste, fourni à leur sujet des explications auxquelles le lecteur curieux pourra se reporter (1).

(1) La proposition de loi de M. l'abbé Lemire a été déposée à la Chambre des députés le 18 juillet 1894, avec un exposé des motifs. Voir aussi le projet de M. Léveillé ayant pour objet d'établir en France le bien de famille insaisissable (16 juin 1894), et la discussion du rapport de M. Levasseur sur le *Homestead* américain, à la séance de la Société d'économie sociale du 12 novembre 1894. (*Réforme sociale*, 1895, t. I, p. 71-108, 226-254.)

On sait que *la constitution et le maintien de la petite pro-*

Nous nous bornerons à parler ici des habitations ouvrières, qui forment un complément trop naturel et trop désirable des jardins ouvriers pour que nous puissions nous résigner à les passer sous silence.

On sait que l'amélioration du logement de l'ouvrier a été un des grands soucis de la philanthropie, dans la seconde moitié de ce siècle. A la suite des publications de Villermé, Ad. Blanqui et Jules Simon, en France, de Ducpétiaux en Belgique, du professeur Huber en Allemagne, d'Edwin Chadwick en Angleterre, un double courant se dessina : tandis que Miss Octavia Hill, à Londres, et l'*Association belge*

priété *rurale* ont fait l'objet d'une proposition de loi de M. Siegfried, adoptée par la Chambre des députés et votée en première lecture par le Sénat, dans sa séance du 5 décembre dernier. Ce projet étend à la petite propriété les principes et dérogations établis en matière d'habitations à bon marché par la loi du 30 novembre 1894.

M. le Dr Lancry a exposé ses idées dans un article de la *Sociologie catholique*, de Montpellier, numéro de juillet 1897, et dans ses chroniques de la *Justice sociale* (voir notamment les numéros des 23 octobre et 12 décembre 1897). M. l'abbé Catelin a traité ce même sujet dans un rapport à l'Assemblée générale des catholiques du Nord en 1897.

Mme Hervieu a publié plusieurs brochures de propagande sur l'œuvre qu'elle a fondée sous le titre : *Reconstitution de la famille*. Les deux plus récentes ont été éditées en 1898 par Émile Laroche, rue Gambetta, 22, à Sedan.

Nous avons cité plus haut les principales brochures de M. l'abbé Gruel (p. 42).

Enfin, nous renvoyons à l'ouvrage du R. P. Piolet pour tout ce qui concerne l'œuvre des Jardins ouvriers de Saint-Étienne.

pour l'amélioration des logements ouvriers, à Bruxelles, s'efforçaient d'introduire l'hygiène et un confort relatif dans les maisons existantes, des sociétés se formaient dans les divers pays que nous venons d'énumérer (1), en se donnant pour mission spéciale d'édifier des habitations nouvelles, présentant des garanties complètes de salubrité, en même temps qu'un bon marché relatif.

Les habitations ainsi créées appartiennent à deux types bien connus :

1° La maison à logements ou maison collective, adoptée dans les grandes villes (2) ;

2° La cité ouvrière, composée de petites maisons avec jardins, inaugurée à Mulhouse par

(1) Nous ne pouvons citer ici les nombreuses sociétés de ce genre. Nous nous bornerons à indiquer, en France, la *Société française des habitations à bon marché,* 15, rue de la Ville-l'Évêque, à Paris, qui, sans construire elle-même, a puissamment aidé à la diffusion de ce mouvement, en réunissant les meilleurs exemples et en mettant des plans et devis à la disposition de toutes les personnes désireuses de construire des logements sains pour les familles ouvrières.

Un des modes les plus heureux de l'action de la Société française consiste dans le concours donné à la création de sociétés de construction nouvelles. Sur 67 associations de ce genre, existant fin décembre 1898, 56 sont dues à l'action spéciale de la Société française et ont été constituées sous son patronage immédiat.

(2) Notamment, à Londres, par la Société de Sir Sydney Waterloo, les fonds Peabody et Guiness ; à Paris, par la Société philanthropique et la Société des habitations économiques ; à Lyon, par la Société lyonnaise des habitations économiques ; à Rouen, par la Société immobilière des petits logements, etc.

MM. André Kœchlin et Jean Dollfus, propagée
en Alsace à Guebwiller, Niederbronn, Zornhoff,
imitée en France par les compagnies d'Anzin (1), de Lens (2), de Blanzy (3) et du Creusot (4), plus tard par diverses sociétés spé-

(1) La Compagnie d'Anzin a fait des avances à ses ouvriers
pour construire 426 maisons représentant un capital de
509226 fr. 53. De plus, la Compagnie a fait construire, pour une
somme de 275207 fr. 93, 93 maisons cédées aux ouvriers à prix
coûtant et remboursable à longs termes, par versements mensuels. Une somme annuelle de 32231 fr. 60 est consacrée à la
construction de maisons ouvrières. En outre, des avances de
fonds, pour l'achat ou la construction de maisons à leur
usage, sont faites aux ouvriers avec les mêmes facilités de
remboursement ; 740 maisons avaient été construites, grâce à
ces avances, pour une somme totale de 1446601 francs,
presque entièrement amortie fin 1892. Enfin, la Compagnie possédait 2663 maisons, d'une valeur de six millions de francs,
louées à des employés et ouvriers, à un prix variant de 3,50 a
6 francs par mois. Un jardin de 2 ares est affecté à chaque
logement.

(2) La Compagnie de Lens possède également 2116 maisons
louées à son personnel.

(3) La Compagnie des mines de Blanzy a commencé, dès
1834, ses constructions de maisons ouvrières avec jardins,
toits à porcs, etc. La dépense totale, pour plus de 1000 habitations, atteignait 2393912 francs à la fin de 1893.

Nous avons exposé plus haut, page 35, lès combinaisons qui
permettent aux ouvriers de devenir propriétaires de leurs maisons ; 1400 ouvriers sur 5155 sont aujourd'hui logés chez eux.

Aussi la permanence des engagements est-elle remarquable
dans cette exploitation ; 20 p. 100 des ouvriers comptaient
vingt ans de services, lors de l'Exposition universelle de 1889.
(Notice sur les institutions ouvrières des mines de Blanzy. —
Dijon, 1893).

(4) MM. Schneider et Cie, au Creusot, ont facilité à leurs
ouvriers la constitution de leur foyer par des ventes de terrains et des avances de fonds; de 1837 à 1897, on avait consenti 3522 avances pour une somme totale de 4276717 francs,
dont les 9/10 étaient remboursés au 1er janvier 1898. En outre,
MM. Schneider ont fait construire environ 1200 maisons

ciales (1). La nécessité de maintenir l'ouvrier à proximité de son travail avait forcé les constructeurs à lui mesurer l'espace. Si, à Mulhouse, Guebwiller, Anzin, on avait pu renoncer à la maison à étages pour constituer une série de cottages avec jardin, les dimensions de ce jardin, suffisantes pour assurer une meilleure hygiène, ne permettaient pas, en général, une culture susceptible de fournir des résultats appréciables, en dehors de l'alimentation de la famille.

Depuis quelques années, l'extension prise dans toutes les villes par les moyens de transport collectif, l'application de la traction mécanique aux voitures publiques, la vulgarisation de la bicyclette, ont modifié les conditions antérieures de la vie populaire. L'ouvrier peut s'éloigner davantage de l'atelier et rechercher plus d'air et de lumière dans son habitation, tout en payant moins cher.

En même temps, le législateur s'est préoccupé de donner des facilités plus grandes pour la construction de maisons à bon marché. La loi belge du 9 août 1889 et la loi française du 30 novembre 1894, ont assuré aux sociétés de cons-

---

(800 au Creusot, 400 aux environs), dont ils sont demeurés propriétaires. Toutes possèdent leur jardin et sont louées de 5 à 8 francs par mois. Ces maisons sont très recherchées et attribuées, par préférence, aux meilleurs ouvriers.

(1) Par exemple, la Société anonyme des habitations ouvrières à Auteuil, la Société rouennaise des habitations à bon marché, la Société havraise des cités ouvrières, etc.

truction le concours des capitaux des caisses
d'épargne et établi des dérogations au droit commun en matière d'impôts, d'aliénation et de par-
tage (1).

Dès lors, rien n'empêche le Jardin ouvrier de
devenir la première étape de la propriété d'une
maison. « C'est le tramway qui constitue la solution de la question du logement ouvrier, »
disait récemment le Dr Lancry (2). En permettant de s'éloigner des grands centres, ce mode
de transport donne la possibilité de joindre au
logement une petite culture potagère.

L'abbé Gruel semble avoir cherché le premier
une application pratique de cette idée. Une de
ses ambitions serait d'établir une coopérative
pour achats de terrains, en vue de constructions
futures. Lui-même nous expliquait jadis son
plan. « Près de Bruxelles, on peut avoir un hectare de terrain, dans de bonnes conditions, pour
8 000 francs. Une part de 5 ares représenterait
donc une somme de 400 francs par adhérent
à rembourser à la caisse d'épargne qui ferait
l'avance des fonds. Ce capital amorti, il suffira
d'économiser le dixième de la dépense prévue ;
la Société de construction édifierait la maison
et serait remboursée par des annuités, qui

_____

(1) Voir à ce sujet une étude très documentée de M. Jules
Challamel, si compétent en ces matières : *les Habitations à bon
marché en France et en Belgique (Bulletin de la Société de législation comparée*, année 1895).

(2) *Justice sociale* du 10 septembre 1898.

pourraient être quelquefois inférieures au loyer payé antérieurement (1). »

Dès la fondation de sa Ligue belge du coin de terre et du foyer, M. l'abbé Gruel avait eu soin de faire insérer dans les statuts un article 5 ainsi conçu :

« Les ouvriers qui, en prévision de la construction de leur maison, auront versé à la caisse d'épargne un minimum de 6 francs par an, participeront, chaque année, à un certain nombre de primes qui s'ajouteront à leurs propres versements. »

L'idée de M. l'abbé Gruel nous a séduit, lorsque nous la lui avons entendu émettre. Mais, après y avoir mûrement réfléchi, et avoir pris conseil de personnes particulièrement compétentes en matière de maisons ouvrières, nous

---

(1) EN BELGIQUE, c'est ainsi qu'opèrent, notamment, la *Société coopérative d'habitations ouvrières le Foyer*, à Bruxelles, et la *Société coopérative d'Ixelles pour la construction de maisons à bon marché.*

La somme versée mensuellement comprend le paiement d'une prime-assurance sur la vie du propriétaire-ouvrier; si celui-ci vient à décéder, sa maison, libre de toute charge, est la propriété de ses héritiers.

A Nivelles, le bureau de bienfaisance a construit, en 1859, douze maisons avec jardins revenant à 1 771 francs et louées 6 francs par mois à des ouvriers, à la condition de placer 4 francs par mois à la caisse d'épargne. Ce versement capitalisé a amorti le capital des maisons en vingt-quatre ans. Le 26 octobre 1881, le bourgmestre a remis leurs titres aux locataires devenus propriétaires.

Des opérations analogues ont été faites par les bureaux de bienfaisance de Wavres, Mons, Gand, Anvers. Ce dernier a construit 5 338 maisons ouvrières de 1861 à 1882.

croyons essentiel de faire ici une distinction nécessaire pour éviter des malentendus susceptibles de devenir funestes à l'Œuvre même des
Jardins ouvriers.

Nous avons exposé plus haut (p. 87 et 88) que
rien n'empêche de créer, dans certaines villes,
deux catégories de jardins : jardins gratuits, pour
les assistés des bureaux de bienfaisance ou des
conférences de Saint-Vincent-de-Paul ; jardins
payants pour les ouvriers qui suffisent à leurs
dépenses par leur salaire, ou même pour certains
retraités ou employés.

C'est évidemment parmi les locataires de la
seconde catégorie qu'il faudra chercher les futurs
constructeurs de maisons. Il suffira donc de ma-
jorer légèrement le prix de location pour rendre
le preneur propriétaire de sa terre, au bout d'un
certain temps. Dans ce système, quand un preneur se présentera pour louer un jardin, il aura
à opter entre deux prix : le prix de location
simple, et le prix comportant acquisition par annuités. C'est exactement comme un assuré de la
Caisse nationale des retraites doit opter entre le
capital réservé et le capital aliéné, comme un
assuré ordinaire sur la vie choisit entre une assurance mixte et une assurance en cas de décès.

Une fois devenu propriétaire de son terrain,
rien n'empêchera l'assuré de construire, soit
qu'il entreprenne lui-même sa bâtisse, avec le
concours d'ouvriers de son choix, soit qu'il pré-

fère, si ses ressources le lui permettent, s'adresser à une société de construction d'habitations ouvrières (1).

Il ne faut pas se dissimuler que ce dernier cas sera rare. Les habitations construites par des sociétés de ce genre sont parfaitement aménagées

(1) Les 69 sociétés mentionnées plus haut se divisent en deux catégories :

1° Sociétés anonymes, achetant des terrains pour y construire des maisons louées ensuite avec ou sans promesse de vente;

2° Sociétés coopératives, formées de participants réunissant un capital dans le but d'acheter un terrain et d'y élever successivement leurs maisons.

Au 31 décembre 1896, les 44 sociétés autorisées alors existantes possédaient, en immeubles et terrains à bâtir, un capital de 11 159 039 francs; 806 maisons étaient vendues ou louées avec promesse de vente.

Aux termes du rapport sur les opérations des caisses d'épargne en 1896 (*Journal officiel* du 19 mars 1898), la caisse de Marseille avait seule construit des habitations à bon marché pour un capital de 459 756 fr. 41. Les caisses de Lyon et de Marseille avaient fourni aux sociétés d'habitations à bon marché un capital de 1 721 398 fr. 57.

Depuis lors, les caisses d'épargne sont entrées plus largement dans la voie ouverte par l'article 10 de la loi du 20 juillet 1895, les caisses de Blois, Chartres et Troyes, en construisant des habitations à bon marché, celles de Paris, Marseille et Douai en prenant des obligations des sociétés spéciales (*Rapport au conseil supérieur des habitations à bon marché*, par M. Siegfried, sénateur. — *Journal officiel* du 29 mai 1898).

Ces résultats sont encore bien restreints si on les compare à ceux qu'on a obtenus en Belgique. Pour une population six fois moindre, ce dernier pays possédait, à la fin de 1898, 45 sociétés de constructions ouvrières et 104 sociétés de prêts aux ouvriers qui veulent construire eux-mêmes. L'ensemble des opérations au 31 décembre 1897 s'élevait à 31 076 112 francs; la seule année 1897 a vu conclure 8 077 prêts, presque tous garantis par une assurance sur la vie (*Réforme sociale*, 1er mars 1899, p. 414).

et coûtent un prix relativement élevé, atteignant, en général, quatre ou cinq mille francs. L'ouvrier qui pourra payer une annuité de ce genre, grossie de la prime d'assurances sur la vie qui en forme la garantie, gagne un salaire élevé. Ordinairement donc, il ne s'adressera pas à nos sociétés de jardins ouvriers pour acquérir un terrain.

Mais au-dessous de cette couche supérieure, de cette aristocratie ouvrière, il y a des gens qui, tout en gagnant moins, sont encore indépendants. La propriété d'une maison est pour eux aussi un idéal, cette maison fût-elle moins grande, moins confortable, moins saine même que celle du premier. Et comme cette maison sera construite en pleine campagne, même défectueuse, elle vaudra toujours mieux qu'une chambre dans une cité d'un faubourg (1).

Pour bien faire comprendre notre idée, nous rappellerons au lecteur ce qui s'est passé pour les grandes maisons ouvrières de Londres (2).

---

(1) M. le Dr Lancry préconise un plan de maison « mardyckoise », mesurant 5 mètres en tous sens, avec un rez-de-chaussée et un grenier au-dessus. Cette maison semble parfaitement convenir aux habitudes des Flandres, pays d'élection des jardins ouvriers, et sa construction en briques revient certainement à moins de 1 000 francs (*Justice sociale*, 20 août 1898).

A Saint-Étienne, le R. P. Volpette a établi un devis de maison de 1 270 francs (R. P. Piolet, *op. cit.*, p. 92).

(2) Voir le remarquable rapport de M. Georges Picot sur les Habitations ouvrières, dans les Rapports du jury international de l'Exposition universelle de 1889 (*Groupe de l'Économie sociale*, 2e partie, 1er fasc., p. 179-230).

En 1858, sir Sydney Waterloo crée un type
de maison modèle, réunissant tous les avantages
du *home* moyennant un prix accessible à l'ouvrier
qui gagne un salaire élevé, environ 5 shillings
par jour.

En 1865, un philanthrope, M. Peabody, veut
étendre ce bienfait à une couche inférieure
gagnant seulement 3 à 4 shillings, et il fait, dans
ce but, un legs princier d'un demi-million
sterling.

En 1888, M. Guiness pense qu'il y a encore
des gens intéressants parmi ceux qui gagnent
moins de 3 shillings, et il lègue 6 millions de
francs pour construire des habitations modèles à loyer plus bas que les logements Peabody.

Eh bien ! les jardins ouvriers seraient le point
de départ de constructions futures pour une
clientèle analogue à celle des maisons Guiness. Une catégorie inférieure de bénéficiaires
serait ainsi appelée à la propriété, avec toutes les conséquences heureuses qu'elle entraîne.

Faut-il aller plus loin et encourager les preneurs à construire, même sur des terrains qui
ne leur appartiennent pas ?

On l'a fait à Saint-Étienne, où l'on a toutes
les hardiesses. Nos lecteurs n'ont pas oublié
l'histoire de Fraissenon, dit Coucou (*supra*, p. 24),
bientôt imité par plusieurs autres tenanciers de

jardins, désireux de suivre le conseil de M. Vautour :

> Quand on n'a pas de quoi payer son terme,
> Il faut avoir une maison à soi.

Nous ne pouvons cependant encourager les fondateurs de groupes à s'engager dans cette voie, même avec le système d'indemnités prévues par le règlement de Saint-Étienne (1).

La jouissance prolongée est une atténuation du sacrifice d'argent, c'est certain ; mais plus elle se prolonge, plus elle développe le sentiment de la propriété.

Vous froisserez beaucoup plus la conscience d'un ouvrier en lui reprenant sa maison au bout de dix ans, qu'après cinq ans seulement de jouissance. Vous aurez de grandes chances d'en faire un révolté, un socialiste, en dépit de toutes les conventions que vous aurez pu établir.

A Saint-Étienne, le mal pourra être évité, grâce à la respectueuse sympathie qu'inspire le R. P. Volpette, aussi bien aux propriétaires du terrain qu'aux bénéficiaires.

Mais on ne saurait avoir partout un R. P. Volpette. Il peut se faire que, sur d'autres points,

---

(1) Le locataire évincé qui a construit une maison sur son terrain a droit à une indemnité de 300 francs s'il quitte avant trois années révolues, de 200 francs, s'il quitte avant quatre ans, de 100 francs s'il quitte avant cinq ans révolus.

Après cinq ans, on retombe dans la règle commune et on peut être renvoyé sans aucune indemnité (R. P. Piolet, p. 84).

à la mort d'un bienfaiteur généreux, ses enfants reprennent brusquement, ou même aliènent le terrain prêté.

Ce sera déjà une grande déception pour l'homme qui sera privé de son jardin, mis en valeur par un travail personnel; mais si, à cette déception, s'ajoute la perte d'argent résultant de l'abandon d'une construction, l'ennui de chercher un loyer et de rentrer dans une chambre sombre et insuffisante, le mécontentement deviendra de l'irritation et fera germer de nouveau ces semences de haine, que l'Œuvre des Jardins s'applique à extirper.

Il ne faut pas courir ce risque.

Nous recommandons donc, en règle générale, de détourner toujours les preneurs de toute construction à titre précaire. Il ne faut pas craindre de multiplier les avertissements, si l'ouvrier veut passer outre à vos conseils, de manière à pouvoir les lui rappeler, le cas échéant.

Par contre, il convient d'encourager toujours le preneur de jardin à acquérir son terrain, en se servant de l'appât d'une construction future pour l'exciter à l'épargne. Rien n'est plus propre à développer ce sentiment que l'exemple de ceux qui, aussi pauvres que lui au début, sont arrivés à posséder leur maison par le procédé que nous venons de préconiser.

ANNEXES

I. — Règlement de l'Œuvre de la Reconstitution de la famille, à Sedan.

ARTICLE PREMIER. — Il est fondé entre toutes les personnes qui adhèrent aux présents statuts, une Société mutuelle dite : *Reconstitution de la famille.*

ART. 2. — Cette société a pour but :

1º D'aider le travailleur, l'ouvrier honnête, à élever ses enfants, sans *blesser sa dignité* ;

2º De prendre sous sa protection morale l'enfant, dès son entrée dans la vie, pour le guider, le suivre dans tout le parcours de son existence ;

3º De lutter avec énergie contre *l'aumône sur la voie publique*, les *secours fractionnés*, qui sont accaparés par des mendiants de profession ;

4' De réunir tout cet argent pour ouvrir des ateliers dans lesquels l'ouvrier viendra *travailler* dans les moments de chômage.

ART. 3. — Elle comprend des membres honoraires et des membres participants.

ART. 4. — Seront membres honoraires ceux qui, renonçant aux avantages pécuniaires de la Société, verseront au moins 12 francs par an. Le versement, une fois opéré, d'une somme de 100 francs, donnera le titre de membre perpétuel.

ART. 5. — La cotisation des membres participants sera fixée à un franc par mois.

ART. 6. — Le nombre des membres honoraires ou participants n'est pas limité.

ART. 7. — La Société ne fait aucune distinction de religion, et toute discussion religieuse ou politique sera interdite dans ses réunions.

ART. 8. — Le siège de la Société sera fixé provisoirement à Sedan.

ART. 9. — Une assemblée générale aura lieu chaque année.

ART. 10. — Une première assemblée générale aura lieu aussitôt après l'approbation des statuts de la Société.

Dans cette assemblée seront élus, par les membres honoraires et participants : un président, un vice-président, un secrétaire, un vice-secrétaire et un trésorier.

Toutes ces fonctions peuvent être remplies par des dames.

Il sera également nommé une dame visiteuse de chaque culte, pour vingt membres participants.

Leurs fonctions dureront trois ans ; ils seront toujours rééligibles.

ART. 11. — Le bureau, composé comme il est dit ci-dessus, avec l'adjonction des dames visiteuses, statuera sur tout ce qui intéresse l'administration de la Société, les indemnités à distribuer, les répartitions à faire, les travaux à exécuter.

ART. 12. — Les comptes seront approuvés, chaque année, en assemblée générale.

ART. 13. — Aucune modification ne pourra être faite aux présents statuts qu'après avoir été délibérée par le bureau, votée en assemblée générale et approuvée par l'autorité compétente.

. . . .

ART. 50. — Dans les moments de chômage, des ateliers seront ouverts en attendant le retour du travail, et le produit du travail sera acheté par les membres honoraires et participants de la Société.

. . . .

ART. 56. — En cas de dissolution de la Société, les fonds

en caisse seront répartis en livrets de caisse d'épargne sur la tête des enfants de familles de sociétaires les plus nombreuses.

Pour le comité des dames,
FÉLICIE HERVIEU.

II. — Règlement de l'œuvre des Jardins ouvriers de Saint-Étienne.

1° Travailler avec soin le terrain qui vous sera remis.

2° Ne pas travailler le dimanche, ni les jours de fêtes d'obligation concordataires.

3° Ne rien céder ou sous-louer de son jardin sans une permission expresse.

4° Ne rien faire qui puisse porter gravement atteinte au bon renom de l'œuvre.

III. — Règlement de l'œuvre des Jardins ouvriers de la Conférence de Saint-Vincent-de-Paul, au collège Notre-Dame, Boulogne-sur-Mer.

ARTICLE PREMIER. — Un jardin de 412 mètres de superficie est mis à la disposition de chacune des familles dont les noms suivent :

. . . .

Ce jardin n'est ni donné, ni loué, mais seulement prêté pour un an, jusqu'à la prochaine fête de Noël. Il pourra même, au cours de l'année, être retiré dans les cas ci-dessous exposés.

Une partie de l'engrais et les semences demandées par le bénéficiaire, dans une mesure en rapport avec la contenance de son jardin, lui seront fournis par la Conférence, pour la première année seulement.

ART. 2. — Un comité de surveillance composé de MM..... (1), du sous-directeur, du président, vice-prési-

_____

(1) Quatre chefs de famille bénéficiaires, choisis parmi les plus entendus en matière de jardinage.

dent, secrétaire et trésorier de la Conférence, se réunira chaque fois que le tiers de ses membres le jugera utile. Le Père directeur n'aura que voix consultative ; il pourra inviter à la réunion qui il lui plaira pour y assister, soit comme témoin, soit comme conseiller.

ART. 3. — Le travail du dimanche est rigoureusement interdit. Une infraction à cet article entraînerait la priva-tion du terrain accordé.

ART. 4. — La terre doit être soigneusement travaillée. Tout terrain dont la culture serait négligée sera retiré à son locataire, après trois sommations, lesquelles cependant ne pourront se faire à moins de cinq jours d'intervalle.

ART. 5. — Un terrain ainsi enlevé ne donnera droit à aucune compensation, à moins que le conseil de direction n'en décide autrement, ce qui n'aura lieu que dans certains cas de force majeure et exceptionnels.

IV. — Engagement signé par les adhérents à l'œuvre des Jardins ouvriers de Nantes.

Je, soussigné, reconnais que c'est à titre gratuit, et dans le but de m'aider à élever ma famille, que le comité des Jardins ouvriers me donne la jouissance d'un terrain de culture, d'une contenance approximative de 180 mètres carrés, situé rue d'Allonville.

J'accepte les conditions du bail signé par le comité qui sont les suivantes :

« 1° Location pour l'année, à dater du 1er novembre 1897, résiliable à toute époque, à volonté des deux parties, en prévenant trois mois à l'avance.

« 2° Entretien en bon état des arbres fruitiers existant sur le terrain, et appartenant aux propriétaires.

« 3° Interdiction de séjourner dans le reste de la tenue, de façon à porter un dommage aux plantations et cultures qui peuvent s'y trouver. »

Je m'engage en outre, vis-à-vis du comité, aux trois clauses suivantes :

« 1° Interdiction du travail du dimanche.

« 2° Tenue du jardin en bon état de culture.

« 3° Interdiction de rien faire qui puisse porter atteinte à la bonne renommée commune des travailleurs des jardins ouvriers. »

L'inobservation, constatée par le comité, et renouvelée après avertissement, d'une de ces trois clauses, pourra être un motif d'exclusion, sans me donner droit à aucune indemnité.

Fait à Nantes, etc...

(S.)

V. — Déclaration en usage à l'œuvre des Jardins ouvriers de Saint-Omer.

Je soussigné, demeurant à   , rue   , déclare que c'est à titre gracieux, sans la moindre rétribution, et dans le seul but de m'aider à élever ma famille, que M. Albert de Monnecove m'a accordé la jouissance d'une parcelle de terrain de   environ sise à et faisant partie de   du cadastre. Par suite, je m'engage à en cesser immédiatement la jouissance et à les lui remettre à sa première demande et sans indemnité :

1° Chaque année au premier octobre ;

2° Chaque année, même avant le 1er octobre, au cas où lui-même remettrait le terrain à ses bailleurs avant cette date.

Je m'engage, en outre, à suivre fidèlement les quatre articles du règlement ci-dessus (1), sous peine, en cas d'infraction, de reprise immédiate et sans indemnité, si M. de Monnecove le juge bon.

Saint-Omer, le   (S.)

(1) Ce sont les articles du règlement de l'œuvre de Saint-Étienne, reproduits p. 128.

Nous soussignés   déclarons que la signature ci-
dessus est celle du sieur   et qu'elle a été
apposée en notre présence.

(S.)   (S.)

VI. — Engagement en usage à l'œuvre des Jardins ouvriers de Poitiers.

Je reconnais que le lot de terrain qui m'est attribué est
reçu par moi à titre purement gracieux et pourra m'être
retiré sans indemnité si je manque à la condition essentielle du repos du dimanche.

Si le jardin m'est retiré pour un autre motif, le comité
me versera une indemnité variant de cinq à quinze francs,
suivant l'époque du retrait, et je déclare formellement
accepter ce chiffre et renoncer à toute réclamation ulté-
rieure.

(S.)

VII. — Carte remise à chaque tenancier de Philadelphie

(réduite au tiers).

RECTO.

RÉGLEMENT.

1. Toute personne qui reçoit un jardin s'engage à le cultiver complètement et sans interruption sous la direction du surveillant.

2. Tout preneur doit tenir d'autre part un compte exact du temps employé à la culture par lui ou les siens.

3. Il doit également mentionner exactement tous légumes vendus, consommés ou donnés, en quantité ou valeur.

4. Dans le cas où ces engagements ne seraient pas observés, le jardin pourra être retiré sans indemnité.

5. Le preneur déclare accepter par avance la décision du surveillant à ce sujet.

N°......

COMMISSION DES JARDINS

OUVRIERS DE ....

Bureaux, rue...   n°...

Nom du preneur...

Adresse...

Lot n°...   du champ...

mesurant... m. sur... m...

Le surveillant,

Date...

Cette carte ne doit être ni pliée, ni déchirée. Les chiffres seront écrits lisiblement, et la carte sera remise au surveillant à la fin du mois, ou plus tôt, sur sa demande. — Le seul but de la commission est de se tenir au courant des résultats obtenus, afin d'améliorer le fonctionnement de l'œuvre dans l'avenir.

VII. — Carte remise à chaque tenancier de Philadelphie
(réduite au tiers).

VERSO.

EMPLOI du temps.	Lundi.		Mardi.		Mercredi.		Jeudi.		Vendredi.		Samedi.	
SEMAINE.	H.	M.	H.	M.	H.	M.	H.	M.	H.	M.	H.	M
Du... au...	..	...	...	...	...	...	...	...	...	...	...	...
Du... au...	...	..	..	...	...	...	...	...	...	...	...	...
Du... au...	. .	...	...	...	...	...	...	...	...	...	...	...
Du... au...	...	...	...	...	..	...	...	...	...	...	...	...
PRODUIT.	Haricots.		Bette-raves.		Choux.		Blé.		Salade.		Oignons.	
SEMAINE.	Poids.	Valeur.	Poids.	Valeur.	Poids.	Valeur.	Poids.	Valeur.	Poids.	Valeur.	Poids.	Valeur.
Du... au...	...	...	...	...	...	...	...	...	...	...	...	...
Du... au...	...	...	...	...	...	...	...	...	...	...	...	...
Du... au...	...	...	...	...	...	...	...	...	...	...	...	...
Du... au...	...	...	...	...	...	...	...	...	...	...	...	...
PRODUIT.	Pois.		Pommes de terre.		Radis.		Tomates.					
SEMAINE.	Poids.	Valeur.	Poids.	Valeur.	Poids.	Valeur.	Poids.	Valeur.				
Du... au...	...	...	...	...	..	...	...	...	...	...	...	...
Du .. au...	...	...	...	...	...	...	...	...	...	...	...	...
Du... au...	...	...	...	...	...	...	...	...	...	...	...	...
Du... au...	...	...	...	...	...	...	...	...	...	...	...	...

VIII. — Tableau des œuvres de *Vacant lots* aux États-Unis.

VILLES.	ANNÉES.	NOMBRE de parcelles.	NOMBRE de personnes assistées.	SURFACES cultivées en acres.	DÉPENSE totale en dollars.	VALEUR totale des récoltes en dollars.	OBSERVATIONS.
Boston	1897	83	354	60	1134.24	2000 »	Ferme de 60 acres louée pour trois ans. En 1896, le produit moyen par preneur a été de $ 34.15 et le produit net de $ 20.33.
	1896	65	—	60	1070.32	2660 »	
	1895	52	—	60	1010.16	1932 »	
Brooklyn	1897	34	—	8	543.80	—	En 1897, 4 acres cultivés pour le compte de la commission. Trajet gratuit sur le chemin de fer.
	1896	36	—	4	500 »	720 »	
	1895	20	—	10	600 »	1110 »	
Buffalo	1897	2118	10 590	700	3918.30	36 000 boisseaux de pommes de terre	Parcelles d'un tiers d'acre (13 ares 40 c.).
	1896	1203	—	401	2870.25		Dépenses par parcelle $ 1.30 en 1897.
	1895	600	—	—	2001.02	12000 »	
Chicago	1897	448	908	40	330.60	—	12 parcelles concédées à des veuves.
Dayton (Ohio)	1897	167	650	40	275 »	2073.30	
Denver	1897	66	376	—	346.97	2500 »	Le tiers des cultivateurs étaient des femmes. En outre de la consommation de 376 personnes, les ventes ont produit $ 25.15.
	1896	50	—	—	373.96	2175 »	
	1895	44	—	25	167 »	1500 »	
Détroit	1897	1563	7 815	402	2043.50	22700 »	— Produit net évalué $ 28 590.10 / id. $ 22 916.65 / id. $ 10 382 »
	1895	1701	7 583	421	2400 »	30998.10	
	1896	1546	6 833	455	4875.35	27792 »	
	1894	975	4 352	430	3618 »	14000 »	
Kansas City	1897	98	—	.—	486.41	2100.15	
Minneapolis	1897	272	—	—	—	—	Chaque lot de pommes de terre a produit 25 à 90 boisseaux.
	1896	—	—	—	—	—	
	1895	226	—	—	250 »	—	
New-York	1897	60	—	16	—	—	Les rapports constatent la bonne tenue de l'immense majorité des jardins.
	1896	140	—	110	4112.74	9596.18	
	1895	84	261	138	4821.73	9871.16	
Omaha	1897	300	1 200	300	—	6000 »	Il y a eu plus de terrains offerts que de demandes.
	1896	—	—	—	—	—	
	1895	571	—	400	1150 »	7200 »	
Philadelphie	1897	96	528	27	1025.33	5955 »	Les parcelles mesurent 76 × 150 pieds.
Reading (Pa)	1896	91	498	16	317.63	900 »	Le conseil municipal alloue $ 400.
Seattle	1897	200	1 200	—	150 »	1400 »	Des 200 preneurs de 1897, 56 avaient des parcelles en 1896, et 27 en 1895 et 1896.
	1896	177	1 062	—	155 »	1150 »	
	1895	141	1 025	—	300 »	1197 »	
Toledo	1895	62	—	137 lots	107.45	190 »	L'expérience a échoué par suite de la sécheresse et n'a pas été renouvelée.
Providence (R.J.)	1897	35	213	15	712.85	560 »	—

IX. — Œuvres françaises de Jardins ouvriers à la fin de 1898.

NUMÉROS d'ordre.	LOCALITÉS.	NOMBRE de jardins.	SUPERFICIE en ares.	DATE de la création.	FONDATEURS.	NOMBRE de personnes assistées.	DÉPENSES annuelles.	OBSERVATIONS.
1	Albi.	12	40	27 nov. 1897	Comité spécial.	52	175 »	»
2	Amiens.	25	100	Oct. 1896	Comité spécial.	100	»	3 champs.
3	Armentières.	45	157,50	1895	Comité spécial.	»	200 »	Location 6 à 8 fr. par an et par parcelle.
4	Arras.	22	100	Déc. 1897	Conférence de Saint-Vincent-de-Paul.	»	»	Location 6 et 8 fr. par parcelle.
5	Bachy (Nord).	14	117	1897	Bureau de bienfaisance.	»	»	Legs Huin (p. 80).
6	Bagnères-de-Bigorre.	5	16	Nov. 1898	Abbé Lafforgue.	»	100 »	»
7	Beauvais.	27	86	1er mars 1872	Conseil municipal.	»	»	Loc. 2 fr. l'are.
8	Besançon.	126	162	12 mars 1896	Bureau de bienfais.	»	16 »	2 champs.
9	Boulogne-sur-Mer.	14	51	25 déc. 1896	Collège Notre-Dame.	84	115 »	»
10	Id.	50	73	19 oct. 1898	Municipalité.	»	350 »	2 pièc. de terre
11	Brive.	43	200	Déc. 1897	P. L'Ebraly.	»	360 »	»
12	Calais.	12	46	Janv. 1898	Commission spéciale	84	140 »	«
13	Chalon-sur-Saône.	57	200	11 nov. 1898	Conférence de Saint-Vincent-de-Paul.	»	»	»
14	Dijon.	75	200	1897	Abbé Perrenet, vicaire à Saint-Jean.	450	800 »	4 groupes.
15	Douai.	3	11,22	15 nov. 1897	Comité spécial.	22	45,50	»
16	Geuech (Nord).	12	54	20 nov. 1892	Bureau de bienfaisance.	»	»	Legs Carpentier (p. 80).
17	Gravelines.	8	35	Oct. 1897	Curé doyen Lamand et Comité spécial.	40		»
18	Hazebrouck.	7	36	1897	Conf. du Pt-Séminaire.	61	125 »	»
19	Magny en Vexin.	15	100	1er oct. 1897	Curé doyen Tessier.	103	100 »	»
20	Mende.	36	36	1894	Chanoine Chapelle.	82	400 »	»
21	Montreuil-sur-Mer.	16	56	6 mars 1894	Abbé Fourcy, curé.	»	»	»
22	Moulins.	21	88	Déc. 1898.	Confrérie de N.-D. du Travail.	21	»	»
23	Nancy.	193	400	Sept. 1897	Comte Malval.	1060	2366,25	4 groupes.
24	Nantes.	11	20	Oct. 1897	Comité spécial.	71	400,65	»
25	Orléans.	7	20,50	19 avril 1897	Comité spéc. pour la par. N.-D. de Rec.	45	100 »	Mme Martenot, fondatrice.
26	Id.	16	50,56	»	Comité spéc. pour la par. St-Paterne.	105	150,95	Mme Pillet Perera, fondat.
27	Id.	32	32,65	Nov. 1897	Abbé Rivet.	90	?	»
28	Le Puy.	44	162	Fév. 1898	Comité spécial.	278	907 »	»
29	Poitiers.	32	120	1897	Abbé de Lestang.	»	»	2 groupes.
30	Reims.	55	300	Fév. 1898	Dames du Secrétariat du peuple.	350	?	3 groupes.
31	Rosendaël.	34	190	20 janv. 1897	Comité spécial.	204	325 »	»
32	Saint-Brieuc.	15	52,50	30 mars 1898	Conf. de St-Brieuc.	87	200 »	»
33	Saint-Etienne.	410	1800	1895	R. P. Volpette.	2460	5948,70	»
34	Saint-Omer.	10	35,46	Mars 1898	Conférence de Saint-Vincent-de-Paul.	75	80 »	»
35	Saint-Ricquier.	12	140	Avril 1894	Abbé Garet, vicaire.	40	70 »	»
36	Sedan.	125	780	Déc. 1880	Madame Hervieu.	530	1730,35	»
37	Soissons.	55	55	1879	Périn, Prés. de la Soc. de sec. mutuels.	170	»	»
38	Templeuve.	10	17,72	25 nov. 1897	Abbé François, vic.	»	»	»
39	Valenciennes.	16	57	Oct. 1897	Abbé Thellier de Poncheville.	90	130 »	»

TABLE DES MATIÈRES

4939-99. — Corbeil. Imprimerie Éd. Crété.

F. Le Play

Les Ouvriers européens, études sur les travaux, la vie domestique et la condition morale des populations ouvrières de l'Europe; 2ᵉ édit. (1877-1879), 6 vol. in-8°, vendus séparément .... 6 fr. 50

La Réforme sociale en France, déduite de l'observation comparée des peuples européens; 7ᵉ édit. (1887), 3 vol. in-18.... 6 fr.

L'Organisation du travail selon la coutume des ateliers de la loi du Décalogue; 6ᵉ édit. (1893), 1 vol. in-18.......... 2 fr.

L'Organisation de la famille selon le vrai modèle signalé par l'histoire de toutes les races et de tous les temps; 4ᵉ édit. (1895); 1 vol. in-18.............................. 2 fr.

La Constitution sociale de l'Angleterre (avec la collaboration de M. A. Delaire) (1875), 2 vol. in-18.............. 4 fr.

La Réforme en Europe et le salut en France; programme des Unions de la paix sociale (1876), 1 vol. in-18........ 1 fr. 50

La Constitution essentielle de l'humanité; 2ᵉ édit. (1893), 1 vol. in-18 .... 2 fr.

Brochures de propagande (à 0 fr. 10)

Les Conditions de la réforme en France après cent ans d'erreurs et de révolutions; 7ᵉ édit., br. in-18.

Les Unions de la paix sociale, leur programme d'action et leur méthode d'enquête, par A. DELAIRE; 6ᵉ édition.

La Corruption, par A. DELAIRE; 8ᵉ édition.

Aperçu sur la situation de la religion et du clergé en France, par X**; 3ᵉ édition.

Les Unions de la paix sociale et les écoles socialistes; réponse à M. Rouanet, *député,* par A. DELAIRE, 2ᵉ édition.

Les Catholiques français, leurs bonnes œuvres et leurs devoirs d'état, par X**; 2ᵉ édition.

Pourquoi la criminalité monte en France et baisse en Angleterre, par M. Eug. ROSTAND, de l'Institut; 2ᵉ édition.

Le Devoir des chrétiens français en face de l'alcoolisme, par M. le pasteur BIANQUIS; 2ᵉ édition.

CORBEIL. Imprimerie Éd. CRÉTÉ.

www.ingramcontent.com/pod-product-compliance
Lightning Source LLC
Chambersburg PA
CBHW052208270326
41931CB00011B/2274